STEFANIA IPPOLITI

SUCCEDONO TUTTE A TE

Tecniche di Autocoaching per Dire Addio alla Sfortuna con il Metodo Vivi Facile, Sfiga Zero

Titolo

"SUCCEDONO TUTTE A TE"

Autore

Stefania Ippoliti

Editore

Bruno Editore

Sito internet

http://www.brunoeditore.it

Tutti i diritti sono riservati a norma di legge. Nessuna parte di questo libro può essere riprodotta con alcun mezzo senza l'autorizzazione scritta dell'Autore e dell'Editore. È espressamente vietato trasmettere ad altri il presente libro, né in formato cartaceo né elettronico, né per denaro né a titolo gratuito. Le strategie riportate in questo libro sono frutto di anni di studi e specializzazioni, quindi non è garantito il raggiungimento dei medesimi risultati di crescita personale o professionale. Il lettore si assume piena responsabilità delle proprie scelte, consapevole dei rischi connessi a qualsiasi forma di esercizio. Il libro ha esclusivamente scopo formativo.

Sommario

Recensioni	pag. 5
Prefazione	pag. 9
Introduzione al Metodo	pag. 30
Capitolo 1: Come trasformare pensieri e parole	pag. 50
Capitolo 2: Come dipingere il tuo futuro	pag. 74
Capitolo 3: Come credere nell'impossibile	pag. 99
Capitolo 4: Come imparare l'arte della visualizzazione	pag. 129
Capitolo 5: Come entrare in frequenze emotive giuste	pag. 158
Capitolo 6: Come abbracciare la vita facile	pag. 186
Conclusioni	pag. 226
Extra bonus	pag. 232
Ringraziamenti	pag. 237
Biografia	pag. 240
Bibliografia e Sitografia	pag. 241

Ai miei genitori
che mi hanno dato la vita
e lezioni da imparare

Ai miei nipoti discepoli e maestri:
Riccardo mio maestro d'amore
Melissa mia maestra di coraggio

A tutti quelli che riusciranno
a ottenere una vita facile
grazie a questo libro

La vita è continuo cambiamento.
Se il bruco si trasforma in farfalla,
noi possiamo veramente diventare
la versione migliore di noi stessi.

Recensioni

Cosa dicono del libro

«Dietro al titolo "Succedono tutte a te" si cela un vero e proprio programma per migliorare la propria vita. Credo che il grande pregio del libro di Stefania Ippoliti sia quello di dare un metodo, con tanto di esercizi, per allenare la mente ad andare in quei luoghi dove può attingere alle risorse nascoste che ognuno di noi ha».
Carlo Colasanti, Coach ICF, scrittore dei romanzi Il Dittatore - Un'insolita fortuna - Il quaderno nascosto.

«Leggendo il libro ho riconosciuto alcune abitudini negative che in alcune fasi del mio percorso mi hanno caratterizzato, determinando effettivi distorcenti sul mio comportamento. Alcune invece delle buone pratiche descritte da Stefania sono state la chiave di volta per un salto di qualità»
Carolina Gianardi, Senior Executive, Business Angel, Membro di CdA.

«Un libro sulla sfortuna? Perché? Porta iella! E invece no...Grazie Stefania per ricordarci che leggere la vita in modo positivo e negativo è una questione a volte di occhiali. Con parole semplici e dirette, ci insegni come essere felici e sereni in ogni occasione dandoci poche regole facili da applicare. Un grande aiuto anche per chi, come me, lavora con bambini, genitori e insegnanti che si ritengono poco fortunati confrontandosi con una società perfetta. "Mai una gioia" dicono i miei ragazzi afflitti da problemi di studio e di crescita...e invece vuoi vedere che Stefania ci fa scoprire il contrario?»

Cristina Maronato, Psicologa e tutor degli apprendimenti.

«Un viaggio che ti conduce ad una piena consapevolezza di quanto siamo artefici del nostro destino e dei mezzi a nostra disposizione per cambiare e "vivere facile a sfiga zero". Ti prende da subito, dalla prima pagina. Non è semplicemente un libro, ma una guida da tenere tutti i giorni accanto, da applicare in ogni situazione»

Giuseppe de Lucia, Marketing and Communication Manager, Europe and Latin America.

«Un libro che, con semplicità e leggerezza, ti mette davanti ad una scelta di come puoi vivere davvero. Traspare una profonda

conoscenza e padronanza dell'Autrice che, partendo dalla consapevolezza di dove sei e del perché, ti fornisce strumenti pratici per essere libero»
Luciana Barletta, Life Coach & Omega Health Coach.

«Dimenticatevi dei lunghi corsi spesso inutili, accantonate le complesse ricette di guru e pseudo-tali. Con il suo metodo "Vivi Facile, Sfiga Zero", Stefania Ippoliti ci illumina e ci guida con un linguaggio che è semplice e potente al tempo stesso, e che tocca la mente e il cuore tanto della massaia che del top manager. Ricette che ribaltano credenze radicate ed errate, spunti di riflessione che ci rendono migliori, ci prendono per mano e ci accompagnano in un percorso di auto-miglioramento. Un libro da tenere sul comodino, da aprire e rileggere più volte»
Maurizio D'Ascenzo, Dirigente d'Azienda.

«Questo libro è per tutti, facile da leggere, che offre tanti consigli pratici e tecniche da usare nella vita di tutti i giorni per vivere meglio e sfruttare di più il nostro potenziale. Gustav Jung diceva che il nostro carattere è il nostro destino, e intendeva che la nostra attitudine determina tantissimo di ciò che ci accade, quindi lavorare su noi stessi è l'arma più potente che abbiamo.

Vi consiglio questo libro per cominciare a farlo»
Melissa Peretti Feretti, Country Manager Italy American Express.

«Un libro generoso di condivisione di un percorso di crescita personale. Teoria ed esercizi pratici si fondono armoniosamente al fine di portare il lettore ad intraprendere un viaggio interiore tra conoscenza e sperimentazione di scelte di vita consapevoli e semplificate»
Rossella Bernardini Papalia, Professore ordinario di Statistica Economica, Dipartimento di Scienze Statistiche, Università di Bologna.

Prefazione

«*Maestro Oogway:* "Il caso non esiste".
Maestro Shifu: "Sì, lo so, l'avete già detto, due volte".
Maestro Oogway: "Neanche questo è un caso".
Maestro Shifu: "E fanno tre"»
(*Kung Fu Panda*, film d'animazione).

Se hai comprato questo libro, molto probabilmente è perché ti senti un po' sfortunato o ti ci sei sentito in qualche periodo della tua vita. Quante volte ti sei ripetuto: *perché succedono tutte a me?* Si dice che l'insegnante appaia quando lo studente è pronto, quindi la buona notizia è che questo manuale non è per caso tra le tue mani.

Hai attraversato un periodo infelice in cui tutto o alcune cose sono andate per il verso sbagliato e ti sembra che la sfortuna a volte si accanisca contro di te: hai perso il lavoro, una relazione è finita, hai affrontato una separazione o problemi economici. Sei seccato e sfinito per la catena di eventi avversi e non ce la fai più. Ci rifletti e ti rendi conto che la tua esistenza è costellata di questi periodi alterni di difficoltà. Improvvisamente, ti viene in mente quel tuo amico che è sempre fortunato e non riesci a capire come sia possibile che ottenga sempre tutto con estrema facilità, qualsiasi cosa desideri, mentre tu invece non riesci a ricevere ciò che chiedi. Oppure fate le stesse cose, ma tu impieghi il doppio del tempo, perché prima di riuscire ad avere quello che vuoi, ti devi mettere a sbrogliare una matassa infinita di complicazioni.

Senti che sei davvero sfortunato come Paperino e cerchi di fartene una ragione. Dì la verità, hai mai avuto un amico così fortunato? Io sì, ma penso che una buona parte di noi ne abbia o ne abbia avuti in passato. Certe volte, nell'affrontare qualcosa di importante, mi sono trovata a dover fronteggiare mille impedimenti che mi ostacolavano il cammino. Notavo che per alcuni non funzionava così, e mi ripetevo: *succedono tutte a me, che ho fatto di male?*

Insomma mi sentivo un po' vittima delle circostanze. Come quando, a 10 giorni dalla consegna della mia tesi di laurea, si ruppe l'hard disk del mio PC e, successivamente, il floppy del backup. Un incubo. Mentre io mi mettevo ad analizzare tutti i problemi che avrei potuto incontrare per raggiungere ogni mio obiettivo, il mio amico fortunato – simile a Gastone dei fumetti della Disney – esprimeva con semplicità e disinvoltura i suoi desideri tralasciando completamente di considerare una qualunque difficoltà nel percorso.

Me lo immaginavo con il palmo della mano rivolto verso il cielo in serena e fiduciosa attesa: Dio, l'universo o non so chi, avrebbe messo in moto rapidamente un meccanismo per cui la sua preghiera sarebbe stata esaudita, facendo atterrare comodamente sul suo palmo l'oggetto desiderato con un profumo inebriante, infiocchettato tipo Tiffany.

Prendiamo in considerazione Paperino e Gastone: sono personaggi immaginari creati dalla penna del disegnatore e editore Carl Barks, ma penso che incarnino due stereotipi dell'essere umano con caratteristiche e approcci alla vita completamente opposti.

Paperino ha una vita piena di difficoltà, è un pessimista ipercritico, si lamenta, ha poca pazienza e si arrabbia facilmente. Ogni giorno ha un problema da risolvere e si ritrova in mezzo a situazioni complicate, insomma, succedono sempre tutte a lui. Sembra perseguitato dalla sfortuna e, secondo me, rappresenta l'uomo moderno con le sue frustrazioni, insicurezze e preoccupazioni.

Gastone invece è l'esempio del *vivere facile*. Ha sempre un approccio alla vita vincente. Affronta ogni cosa con ottimismo, ha fiducia in se stesso e nella dea Fortuna che, sempre al suo fianco, prontamente realizza i suoi desideri. Non contempla la possibilità di incontrare impedimenti o che qualcosa vada storto. Riesce ad avere tutto ciò che desidera in modo gratuito, sotto forma di premi e vincite.

Mi sono resa conto che, nella vita reale, possono esistere due simili tipologie estreme. Quello che si considera iper-sfortunato, e che deve sempre superare numerosi ostacoli, e quello iper-fortunato, come il mio amico, che ha sempre la strada spianata verso il successo. Manifestano le stesse opposte modalità di approccio alla vita dei due personaggi dei fumetti. Qual è la chiave per interpretare questi due fenomeni? È forse proprio l'atteggiamento ottimistico e positivo ad attrarre la fortuna?

Possiamo avere una bella famiglia, un lavoro gratificante, una salute ottima ma, quando qualcosa non va per il verso giusto, siamo subito pronti a tirare in ballo la sfortuna e a ripeterci: «quanto sono sfortunato!» Se poi raccontiamo ai nostri amici l'incidente, spesso mettiamo un ulteriore carico emotivo negativo su ciò che ci è successo, intercalando con il nostro solito disco rotto: «ma che sfiga!», «mai una gioia!» o espressioni di altri registri locali. Sembra quasi che proviamo piacere nel sentirci vittime, nel vedere gli altri che si preoccupano per noi e ci dicono: «poverino! Mi dispiace».

Torniamo invece a riflettere sul nostro amico fortunato, come si comporta nella vita? Si ferma solo al lato negativo di ogni evento o considera anche l'aspetto positivo? Prima che le cose accadano, prospetta complicazioni sul suo cammino o è convinto che andrà tutto liscio? Vive la sua vita quotidianamente arrabbiato, criticando tutti, o trascorre i suoi giorni con serenità accettando gli altri? Si lamenta in continuazione o apprezza le cose che possiede? Il mio amico fortunato è un esempio di positività, serenità e vita facile.

Secondo Buddha, «nessuno è nato sotto una cattiva stella, ci sono semmai uomini che guardano male il cielo», il che ci invita a riconsiderare la nostra esistenza con uno sguardo più equilibrato. Occorre prestare attenzione non solo a ciò che ci manca, ma anche a tutto quello che possediamo in ogni area, senza dare nulla per scontato. Il primo passo importante per la nostra crescita è partire da un'analisi accurata per verificare se siamo veramente sfortunati o se si tratta di una nostra percezione.

Napoleon Hill, famoso saggista statunitense nato in povertà, nel suo libro *Pensa e arricchisci te stesso*, scriveva: «Non esistono limiti alla mente se non quelli che noi stessi le imponiamo. Sia la povertà, sia la ricchezza sono frutto del pensiero». Se nessuno è condannato alla sfortuna, allora il secondo passo è abbandonare la convinzione che questa sia come un marchio che ci portiamo per sempre dietro dalla nascita. Tutto dipende dai limiti che ci fissiamo con la mente e dal nostro modo di pensare. Se spostassimo la responsabilità della nostra infelicità su noi stessi e sui nostri comportamenti, invece che sulla sfortuna, saremmo noi gli artefici della nostra esistenza e avremmo la possibilità di cambiarla in meglio.

Ci hanno insegnato a seguire le persone di successo perché se qualcosa funziona vuol dire che ha in sé una formula magica valida. Allora andiamo ad analizzare come pensano e si comportano le persone che vivono una vita facile. Se *succedono tutte a te* e ti senti più simile a Paperino, la buona notizia è che, adottando nuovi schemi di successo, puoi cambiare la tua vita.

Allora vieni con me, mi chiamo Stefania Ippoliti, sono un *mental coach* e guido le persone verso la propria evoluzione. Questo è un libro di trasformazione e di autocoaching: arrivato alla fine, avrai imparato delle linee guida per migliorare la tua esistenza attraverso il metodo che ho ideato, *Vivi Facile, Sfiga Zero*. Apprenderai delle tecniche che ti aiuteranno a uscire dal tunnel delle difficoltà, incorporando questi nuovi princìpi che possono semplificare la tua vita.

Appena nato non ti danno un manuale, né a scuola esiste una materia, un libro di testo intitolato *Come avere una vita facile* o *Come gestire gli imprevisti e reagire al meglio quando sei nella cacca fino al collo*. Ci sono stati dei momenti, in passato, in cui mi sono sentita veramente come Paperino. Ottenevo i miei traguardi, ma spesso superando ostacoli e difficoltà. Poi, in 14 anni, tra i 28 e i 42 anni, sono successi gli eventi più brutti della mia esistenza: ho subito un'esperienza di stalking, ho perso mia madre, poi mio padre e il lavoro. Quest'ultimo evento mi ha buttato completamente a terra e mi ha sconvolto la vita.

La perdita del lavoro fu un grosso momento di rottura: mi portò a leggere manuali di crescita personale e a intraprendere un nuovo percorso di studi. Uno dei libri che mi aiutò ad aprire gli occhi fu proprio quello di Napoleon Hill. L'autore aveva intervistato un numero considerevole di imprenditori e leader politici e aveva elaborato la sua Formula del Successo basata su un atteggiamento mentale positivo.

Rimasi colpita dalla frase della prima pagina: «I pensieri sono veramente cose e per giunta potenti», intendendo che la mente ha il potere di creare la nostra realtà. Hill scriveva che dobbiamo prenderci la responsabilità degli eventi che accadono nella nostra vita. I pensieri, il linguaggio e l'atteggiamento hanno la capacità di influenzare la realtà e, una volta compresi e applicati nuovi meccanismi mentali, possiamo cambiarla a nostro piacimento.

Se noi siamo creatori, allora siamo anche gli artefici degli incidenti e delle complicazioni che incontriamo. Capii che occorreva prendere consapevolezza delle convinzioni limitanti e riprogrammare la mente con credenze nuove positive, motivanti e vincenti. Dopo questa lettura, lessi a raffica non so quanti libri con una voracità stupefacente, ognuno infatti mi suggeriva quello successivo e così via: sembrava fossi alla ricerca del Sacro Graal, per avere accesso al dono della verità.

Scoprii che la mente umana ha delle potenzialità incredibili, di cui non siamo consapevoli e che sfruttiamo solo per il 5%. In particolare la mente subconscia è così potente che può aprirci alle migliori opportunità o crearci degli enormi ostacoli. Imparai le modalità per eliminare gli auto-sabotaggi e semplificare i processi.

Studiai delle tecniche energetiche per gestire le emozioni in modo da affrontare la vita a braccia aperte con maggiore sicurezza e fiducia. Con il passare del tempo cominciai a notare come, usando gli strumenti che avevo imparato su di me, i miei desideri diventassero realtà in breve tempo.

Come quando decisi di prendere un cane. Non ne avevo mai avuti e la mia amica Miriam mi consigliò di prendere un maltese, razza che mi piacque subito. Un'altra cara amica, Gina, promise di tenerlo gratuitamente durante i miei viaggi di lavoro.

Poi raccontai della mia intenzione al mio amico Antonio, e lui mi disse: «Adesso lo dovrai cercare!» Io risposi senza pensarci: «In questo periodo spesso ricevo quello che chiedo. Non ho bisogno di cercarlo, mi troverà lui».

Non so perché gli risposi così, quello che so è che dopo mezz'ora gli arrivò per caso un SMS dalla sua amica Marzia, che aveva 7 cuccioli di maltese appena nati! Non solo trovai il cane, ma anche una delle mie più care amiche. Dalla decisione della razza all'acquisto del cane era avvenuto tutto con velocità ed era filato tutto liscio.

Questo evento mi confermò ulteriormente che abbiamo tutte le risorse per manifestare i nostri desideri rapidamente e con facilità. Ti piacerebbe che nella tua vita tutte le cose seguissero questo semplice processo?

Per chi è questo libro? Io mi rivolgo a chi è stufo di continuare a giocare ogni giorno della sua esistenza al *Jumanji* degli imprevisti prima di ottenere ciò che vuole. A chi desidera vedere realizzati i propri desideri senza complicazioni di percorso.

Mettiamo da parte per il momento i concetti di sfortuna e fortuna. Secondo me è fondamentale prendere la giusta direzione, entrare nel flusso del successo, salire sullo scivolo della vita facile invece che nell'*allungatoia delle difficoltà*. Ho sviluppato questo metodo *Vivi Facile, Sfiga Zero*, per insegnarti un modo per raggiungere i tuoi obiettivi e superare gli inconvenienti con facilità, come se fossi sulle montagne russe.

Ci sono manuali di formazione e motivazione di ogni genere sul mercato, scritti da nomi illustri come Napoleon Hill, Antony Robbins o Stephen Covey. Il mio intento è quello di insegnare con un metodo e un linguaggio semplice a vivere facile così da poter raggiungere anche chi non è un lettore assiduo: voglio fornire un libro di autocoaching con spiegazioni teoriche arricchite di esempi ed esercizi pratici per acquisire una nuova consapevolezza, punto di partenza per ogni cambiamento. *Vivi Facile, Sfiga* Zero non è solo un metodo, è un mantra di cambiamento che può essere utile nella vita.

Uno dei princìpi del coaching è che ogni essere umano ha tutte le risorse per arrivare al successo. In queste pagine apprenderai che possediamo già dei poteri eccezionali fin dalla nascita e imparerai come la tua mente da sola sia una fonte inesauribile e straordinariamente potente: l'unico strumento di cui hai veramente bisogno per attuare la tua trasformazione in farfalla.

Alcuni mi dicono che vorrebbero accogliere dei cambiamenti e poi mi chiedono: «Ma come posso cambiare le mie emozioni, il mio modo di pensare, di parlare?» Ecco, questo libro è sul *come*. Ho sperimentato delle tecniche con esiti positivi su di me e sulle persone che ho aiutato e le ho raccolte nel mio metodo.

Vivi Facile, Sfiga Zero contiene *Le 5 Regole d'Oro* per vivere facile e un nuovo atteggiamento di successo da abbracciare per affrontare la tua esistenza. In ciascun capitolo ne imparerai una, utilizzando le tecniche per apprenderla e gli esercizi per farla diventare patrimonio del tuo DNA:

- Nel capitolo 1 riprogrammeremo insieme convinzioni, pensieri e linguaggio.
- Nel capitolo 2, dopo un'analisi della tua vita, creeremo un nuovo obiettivo affinché tu possa rilasciare resistenze interne al cambiamento e aprirti ad accogliere felicità, abbondanza e benessere.
- Nel capitolo 3 lavoreremo mano nella mano, con delle tecniche che ti permetteranno di superare le due convinzioni altamente inquinanti che ci impediscono di raggiungere quello che desideriamo: "è impossibile" e "non ci riuscirò mai".

- Nel capitolo 4 ci dedicheremo a imparare l'arte della visualizzazione per entrare in contatto con il subconscio e acquisire un metodo concreto che ti accompagni passo dopo passo verso la meta, facilitando i processi.
- Nel capitolo 5 collaboreremo per realizzare una centratura emozionale grazie a delle tecniche energetiche. Utilizzeremo il rilassamento profondo per condividere gli obiettivi con il subconscio e per raggiungere uno stato di benessere.
- Nel capitolo 6 stabiliremo un nuovo modo di affrontare la vita quotidiana e le persone che ti circondano.

Il libro è strutturalmente programmato per passare da princìpi e tecniche basilari a quelli più avanzati, riprendendo concetti esposti nei primi capitoli per approfondimenti successivi. Per questo, sebbene potresti considerare la prima parte molto semplice per te, ti consiglio comunque di leggerlo sin dall'inizio, seguendo l'andamento progressivo,

Se hai già seguito corsi e letto manuali di crescita personale, potresti trovare nuovi spunti d'interesse nella seconda parte del libro. Mi accorgo che spesso, pur frequentando numerosi eventi formativi, non sempre applichiamo nella quotidianità ciò che ascoltiamo nei corsi. Talvolta *inciampiamo* di nuovo nei vecchi schemi della critica e della lamentela che ci allontanano dal flusso positivo.

In queste pagine troverai:
- ben 21 esercizi pratici che possono esserti utili per imparare il metodo e farlo tuo;
- dei *booster*, una sorta di acceleratori usati dagli sportivi, dai top-manager e dai motivatori per realizzare i loro obiettivi di successo come: procedure di visualizzazione ed esercizi di rilassamento profondo per entrare in contatto con il tuo subconscio;
- tecniche energetiche per gestire lo stato emozionale quotidiano. I sentimenti negativi e lo stress infatti possono essere considerati al pari di rifiuti tossici che si annidano nel nostro corpo e come tali vanno eliminati per vivere nella serenità e nel benessere.

Essendo un metodo di autocoaching, saranno inoltre disponibili in futuro: l'audiobook, degli audio e video degli esercizi per una migliore fruizione delle tecniche e per supportare il corretto svolgimento degli esercizi.

Arriviamo ora al mio *perché*: per quale motivo ho scritto questo libro? Perché credo che *le persone che sono abbastanza folli da pensare di poter cambiare il mondo, sono quelle che lo fanno* (*Steve Jobs,* Film*).*

Sono arrivata a cinquant'anni, il giro di boa, quando normalmente si fa il punto della situazione. Qual è il mio contributo da lasciare al mondo? Ho imparato delle verità, le ho fatte mie e ora sento che posso fare di più. Volevo fare l'insegnante e ho sempre creduto nella formazione, nel trasferire la mia conoscenza per far crescere chi è pronto a recepire le mie scoperte. Penso che un libro possa essere un ottimo modo per farlo, perché dove io ho sbagliato, e imparato la lezione, gli altri possono crescere ed evolvere.

Sono sempre stata affascinata dal famoso discorso di Martin Luther King, *I have a dream*, e da come lui e i grandi comunicatori siano riusciti a utilizzare le parole come strumenti possenti per cambiare il mondo. Se solo riuscissi a rendere consapevole una persona al giorno del suo enorme potenziale e della via da seguire, sarei soddisfatta, perché sento che questa è la mia missione.

Finché vivrò, voglio avere l'opportunità di ricambiare ciò che ho ricevuto. Continuo a sentire persone infelici che si lamentano della vita perché non vivono secondo i propri desideri. Chi mi conosce sa che cerco di aiutarle e lascio qualche spunto di lettura, perché cambiare si può, basta volerlo. Proprio per questo scrivo sui "social" messaggi positivi di cambiamento, consiglio libri, meditazioni ed eventi di formazione.

La vita è un dono meraviglioso e va vissuta appieno, in ogni suo momento, apprezzandola e celebrandola tutti i giorni con spirito di gratitudine. È vero che, come ci insegnano, non godremmo del bene se non avessimo vissuto il dolore e non apprezzeremmo la luce se non avessimo conosciuto il buio. Tuttavia, ognuno di noi ha il sacrosanto diritto di ottenere una vita stracolma di salute, abbondanza, felicità e anche facilità. Se, come dicono, siamo sulla Terra per apprendere una lezione, che ne dici se la impariamo subito e ci godiamo questa vita al massimo?

Ho studiato delle tecniche di autoguarigione, letto libri di Metamedicina e ho imparato che gli stati emozionali negativi hanno ripercussioni sugli organi e sulle cellule fino a sviluppare malattie croniche. La malattia è la lingua che utilizza il corpo per esprimere insoddisfazioni e conflitti. Le emozioni negative sono dei campanelli d'allarme che ci indicano che c'è qualcosa, nella parte più profonda di noi stessi, che non accettiamo e che ci fa soffrire. Quindi il nostro benessere, la serenità e la soddisfazione non sono solo un diritto, ma anche un dovere che abbiamo nei confronti di noi stessi e delle persone che ci circondano.

Dobbiamo risolvere le questioni aperte della nostra vita prima che questa ci presenti il conto afferrandoci forzatamente per il bavero della giacca per obbligarci a guardare quello che non abbiamo voluto prendere in considerazione prima.

Sia che tu abbia scaricato un estratto o l'intero libro, voglio premiarti per avermi dato fiducia. Segui questo link, e ti ritroverai sulla mia pagina Facebook.

https://www.facebook.com/MentalCoachStefania/.

Clicca su "Mi piace" e potrai ricevere maggiori informazioni sul mio metodo e ottenere delle risorse gratuite per scoprire di più su questi argomenti. Se non hai Facebook, puoi andare sul mio sito www.vivifacilesfigazero.it.

Per chi mi seguirà, per chi sarà coraggioso e determinato, ho un messaggio: *congratulazioni, bravo, hai fatto la scelta giusta*. Ti prenderò per mano e ti guiderò passo dopo passo, in modo che alla fine del libro avrai imparato un nuovo modo di pensare e di affrontare la quotidianità per realizzare i tuoi obiettivi con più facilità.

In queste pagine troverai delle tecniche semplici e utili che potrai applicare per ottenere il meglio in ogni ambito della tua vita.

Vivi facile, Sfiga Zero diventerà il mantra per ottenere una vita facile. Buon viaggio!

Introduzione al Metodo

Wake up call

Per anni siamo sempre gli stessi, conduciamo la nostra esistenza quotidiana immersi nella routine e non ne vogliamo sapere di cambiare il nostro modo di pensare. Un giorno però succede qualcosa: come se la vita ci lasciasse fare il nostro percorso per imparare alcune lezioni e improvvisamente decidesse – manipolandoci come il protagonista del film *The Truman Show* – di riportarci verso ciò che è meglio per noi, magari verso la nostra missione.

Una parte di noi può avere già sperimentato un momento di rottura. A volte siamo letteralmente travolti da un evento doloroso e, di primo acchito, ci appare come qualcosa di sfavorevole. Eppure, vedendolo in prospettiva con il senno di poi, ci accorgiamo che, proprio grazie a quell'evento, abbiamo preso una direzione diversa. Migliore di quella che stavamo seguendo.

Oppure leggiamo un libro, vediamo un film o incontriamo una persona che, con un colpo di bacchetta magica, ci apre gli occhi. La realtà intorno acquista un nuovo aspetto: come se, crollando all'improvviso il fondale di una rappresentazione teatrale, si fosse svelato il retroscena beffardo del palcoscenico della nostra vita, stravolgendo completamente la prospettiva di ciò che abbiamo visto fino a un attimo prima. Le persone che ci circondano non sono più le stesse, il cielo da grigio prende i colori dell'arcobaleno e alcuni particolari che non notavamo si accendono come se ci fosse una cartina tornasole a portarli alla luce. Questo è un po' quello che è capitato a me.

Ho lavorato per vent'anni in multinazionali americane di prodotti biomedicali ricoprendo ruoli manageriali nei settori vendita, marketing e business development. Circa nove anni fa, a seguito di una riorganizzazione interna, dovetti uscire dall'azienda per cui lavoravo. L'aspetto positivo della vicenda è che era stata prevista una congrua buonuscita che mi avrebbe permesso di vivere bene per alcuni mesi e cercarmi un nuovo lavoro.

Adesso mi sono abituata a questo tipo di situazioni, visto che al giorno d'oggi eventi del genere sono abbastanza frequenti, ma allora per me fu un vero colpo. Ho visto persone che, in una simile situazione, si sono prese un felice anno sabatico e altre che, invece, si sono ammalate gravemente. Io l'avevo presa malissimo: ogni mattina, alzandomi, avevo la sensazione che mi mancasse il pavimento sotto i piedi.

Ricordo ancora il giorno in cui andai in sede a firmare la risoluzione amichevole del mio rapporto di lavoro con il direttore delle risorse umane. Subito dopo la firma, mi sorrise e, vedendomi sconsolata, mi disse in tono paterno: «Questo è il momento di ricevere conforto dai suoi cari, sarà un bene per lei avvicinarsi ai suoi genitori». Lo guardai con gli occhi spalancati e un tonfo al cuore e risposi: «Ma i miei genitori sono morti». Lui scelse il modo peggiore per riparare alla gaffe e mi chiese, senza cambiare l'espressione del volto e con lo stesso sorriso stampato: «Scusi, pensavo fosse morta solo sua madre, non sapevo anche suo padre. Quando è successo, di cosa è morto?»

Non so ancora se si trattasse di una nuova strategia, ma capii che era veramente troppo e quindi tagliai corto e me ne andai. Avevo la sensazione che la mia vita fosse ritornata a un punto di partenza e che dovessi ripartire da zero. Ricordo che trattenni le mie emozioni per tutto il viaggio di ritorno da Milano a Roma. Quando poi arrivai a casa, aprii la porta, allungai la mano per accendere la luce e sentii con le dita l'interruttore, scoppiai in un pianto di quelli che si fanno poche volte nella vita e fui assalita subito da un pensiero: "Ma allora non c'è mai nulla di bello per me in questo mondo? Se togliersi la vita fosse facile come premere questo interruttore, ora lo farei".

Le cose avvengono perché devono avvenire
«Non me ne accorsi allora, ma il fatto di essere stato licenziato da Apple era stata la miglior cosa che mi potesse succedere... consentendomi di entrare in uno dei periodi più creativi della mia vita» (*Steve Jobs*, Discorso ai neolaureati di Stanford).

Dopo la perdita del lavoro, ho trascorso mesi devastanti e pieni di rabbia contro tutto e tutti. Me ne sono rimasta un po' per conto mio, passando le giornate a cercare disperatamente lavoro sul web e a riflettere sulla mia esistenza. Mi sentivo un povero Paperino arrabbiato. Quante volte ti è successo che, a seguito di un grosso evento negativo, si innescasse una *reazione a catena delle negatività*? Fu così anche per me: sinergie energetiche negative si riversarono sugli elettrodomestici di casa mia: si ruppero il frigorifero, la caldaia e due fornelli. Per giunta, ricevetti una diffida da ignoti per una struttura in legno costosissima appena montata sul terrazzo.

Più tardi compresi che siamo proprio noi ad alimentare questa *catena* con il nostro carico emotivo di rabbia, attirandoci eventi spiacevoli uno dopo l'altro. E, più ci accaniamo contro l'episodio, più ce ne succedono. Infine, stanchi di opporci, li accogliamo, ce ne facciamo una ragione e finalmente usciamo da questo tunnel di frequenze basse.

Mi sento di condividere con te un consiglio tratto da questa esperienza: è fondamentale crearsi una frase potenziante che ci possiamo ripetere quando qualcosa si esaurisce nella vita (amicizia, amore, lavoro) per riprendere l'energia necessaria per ripartire. Il mio grande vantaggio fu quello di averne sempre avuta una vincente e potentissima: *troverò qualcosa di meglio che mi soddisfi di più!*

E così fu. Infatti fui assunta da un'altra multinazionale per un incarico europeo di marketing, che era proprio quello che stavo cercando. Negli anni successivi, dopo aver di nuovo trovato lavoro, non so quante volte, tra me e me, ho ringraziato quel direttore delle risorse umane. Vedendo gli eventi in prospettiva, mi ero resa conto che ero stufa del ruolo che stavo ricoprendo e che avevo perso l'entusiasmo. Eppure non avevo il coraggio di uscire dalla mia area di *comfort,* cioè di sicurezza, e cercare un nuovo lavoro.

Quando sono entrata nella nuova realtà aziendale, era in corso una riorganizzazione e altre persone stavano uscendo, proprio come era successo a me. Mi convinsi di dover accettare una legge che sta alla base del mercato del lavoro: assunzioni quando il business è in crescita e licenziamenti nel momento in cui non lo è più. Era inutile coltivare rabbia o sentirsi in colpa per il passato e tantomeno preoccuparsi per il futuro. Meglio dedicare le energie ad altro.

Uno di segreti della vita sta nell'accogliere ciò che ci mette davanti e mantenere ferma la fiducia, perché ogni evento, pur sembrando qualcosa di terribile, può portarci a un progetto più grande. Potrebbe sembrare una spiegazione semplicistica, ma quante sorprese, quanti scherzi misteriosi ci riserva la nostra esistenza?

Pensiamo a Steve Jobs: se non fosse stato licenziato, non avrebbe creato le due aziende Pixar e NeXT. Fu proprio l'acquisizione di quest'ultima da parte di Apple che gli permise, anni più tardi, di ritornare all'azienda che aveva fondato. Io, d'altro canto, probabilmente non sarei diventata un coach e tantomeno avrei scritto questo libro. Scherzo della vita, caso o destino, chiamalo come vuoi, ma, a seguito di un'acquisizione, anch'io sono tornata nella stessa azienda dopo 7 anni.

Frequentando corsi di crescita personale, mi resi conto che a volte affrontavo le nuove situazioni con un carico di paura, ansia e negatività che mi creava complicazioni di percorso. Quando avevo preso le cose con leggerezza e tranquillità, tutto si era svolto con facilità e nel migliore dei modi. Compresi che avevo bisogno di modificare l'approccio alla vita e imparare un nuovo modo di gestire i cambiamenti che inevitabilmente avvengono.

Virginia Satir, psicoterapeuta statunitense che ha dato un grosso contributo alla nascita della Neuro Programmazione Linguistica, diceva: «La vita non è come dovrebbe essere. È quella che è. È il modo in cui la affronti che fa la differenza».

I miei studi divennero una passione e decisi di prendermi la certificazione di Business & Life Coach e, successivamente, di Omega Health Coach. Per chi non sa che cosa sia un coach, è un professionista che guida un'altra persona (*coachee*), o un team, offrendo il suo supporto e gli strumenti necessari per trovare dentro di sé le risorse per realizzare concretamente i propri obiettivi nella vita, lavoro, sport e salute.

Il fattore "C"
«Giudico che la fortuna sia arbitra della metà delle azioni nostre, ma che ce ne lasci governare l'altra metà» (*Niccolò Machiavelli*).

Come ho scritto nella prefazione, per prima cosa dobbiamo chiederci: siamo veramente sfortunati o si tratta solo di una nostra percezione? È bene esercitarci a porre pari attenzione a tutti gli eventi, positivi e negativi, che ci accadono e a pesarli su due piatti separati della bilancia. Ci potremmo rendere conto che la nostra visione della realtà è spesso falsata, o meglio focalizzata su ciò che non va secondo le nostre aspettative.

Prima di tutto, quindi, dovremmo compiere un salto quantico per toglierci la benda dagli occhi e, se necessario, metterci pure un bel paio di occhiali. Se vogliamo cambiare la nostra esistenza, dobbiamo spogliarci dei nostri vecchi modi di pensare e riconsiderare la nostra vita da una nuova prospettiva.

Ci sono persone che hanno avuto terribili incidenti, come Alex Zanardi, o sono nate con delle malformazioni invalidanti, come il predicatore australiano Nick Vujicic, nato senza gambe né braccia, o il figlio di Napoleon Hill, sordo dalla nascita. Invece di concentrarsi sulle loro mancanze, al contrario, hanno usato la loro esperienza per dare l'esempio e aiutare gli altri.

Hill persuase il figlio che la sua sordità sarebbe stata un vantaggio nel futuro e il ragazzino visse la sua vita così fiducioso e convinto che, da adulto, divenne una persona di successo: riuscì a convincere un'azienda di apparecchi acustici a sostenere il suo progetto di ricerca per poter aiutare altre persone con le sue stesse difficoltà.

Ho un'altra domanda: siamo sicuri che tutto dipenda dalla fortuna oppure siamo noi ad avere il potere di influenzare la realtà? E se la sfortuna non è una croce che ci deve accompagnare per tutta la vita, abbiamo la possibilità di abbandonarla definitivamente e farle perdere le nostre tracce?

Siamo tutti nati con un quadrifoglio in mano
«Gli sciocchi aspettano il giorno fortunato, ma ogni giorno è fortunato per chi sa darsi da fare» (*Buddha*).

Fu Napoleon Hill a chiarirmi il concetto di sfortuna. Il famoso saggista, che aveva intervistato persone di successo come Henry Ford, John D. Rockefeller, Stalin e Theodore Roosevelt, scriveva: «Milioni di persone credono di essere dominate dalla sfortuna o malasorte che dir si voglia. Sono infatti moltissimi coloro che ritengono di essere condannati alla povertà e al fallimento da una forza immateriale che suppongono di non poter controllare. Sono loro stessi a creare la propria sfortuna a causa di questa convinzione negativa che viene recepita dal subconscio».

Se siamo noi i creatori della sfortuna, con le nostre credenze limitanti che influenzano i nostri comportamenti e la realtà, noi siamo anche quelli che possiamo mettervi fine.

Antony Robbins, uno dei più grandi motivatori e formatori al mondo, in uno dei suoi video, invece che di fortuna e sfortuna, parlava di due tipologie di individui con un modo opposto di pensare e di comportarsi: uno che vive una vita facile e di successo, l'altro sopraffatto da mille problemi.

«Esistono modelli che inducono le persone ad essere soddisfatte, felici, in forma, forti, vive, vivaci, proattive. Ad avere la passione per la vita, stare bene finanziariamente, e ancora più importante stare bene dal punto di vista emozionale, psicologico, spirituale, e stare anche bene in salute, avere buone relazioni. Al contrario alcuni schemi mentali, fanno sentire le persone frustrate, sopraffatte, tristi, sole e depresse. Queste combattono costantemente con problemi finanziari, con la salute e con le convinzioni proprie. Questi schemi non si verificano perché c'è qualcosa di sbagliato in noi, ma siamo noi a scegliere di metterli in atto...Tutti abbiamo degli schemi di comportamento che continuiamo a usare ma per cambiare dobbiamo romperli dobbiamo fare le cose in modo diverso».

Se tutto dipende da noi, dai nostri schemi, allora penso si possa desumere che:

Quali sono i 5 schemi mentali di chi vive nelle difficoltà?
1. Affronta la vita con un approccio negativo.
2. Non si predispone a ricevere; vive adattandosi e accontentandosi.

3. Non crede di poter realizzare ciò che desidera.
4. Si focalizza sugli ostacoli che potrebbe incontrare.
5. Sfiduciato, vive in uno stato di mancanza.

In che modo affronta la vita?
Abbraccia l'insoddisfazione: vive spesso in mezzo alle difficoltà, rifiuta il cambiamento. Si lamenta di continuo, critica chi è diverso da lui. Coltiva rancori e rabbia per eventi e persone del passato.

A questo punto non rimane che analizzare quale schema usa chi vive facile e cosa fa di diverso. Ti viene in mente un amico fortunato che conosci? Io penso che tutti ne abbiamo uno vicino.

Allora pensa a 3 atteggiamenti con cui affronta la vita e scrivili di seguito:
1. _____
2. _____
3. _____

Ho estrapolato i 5 schemi principali di successo. Credo che alcuni siano molto simili a quelli che hai scritto tu. Per realizzare la tua trasformazione profonda, sarà fondamentale acquisire queste nuove regole.

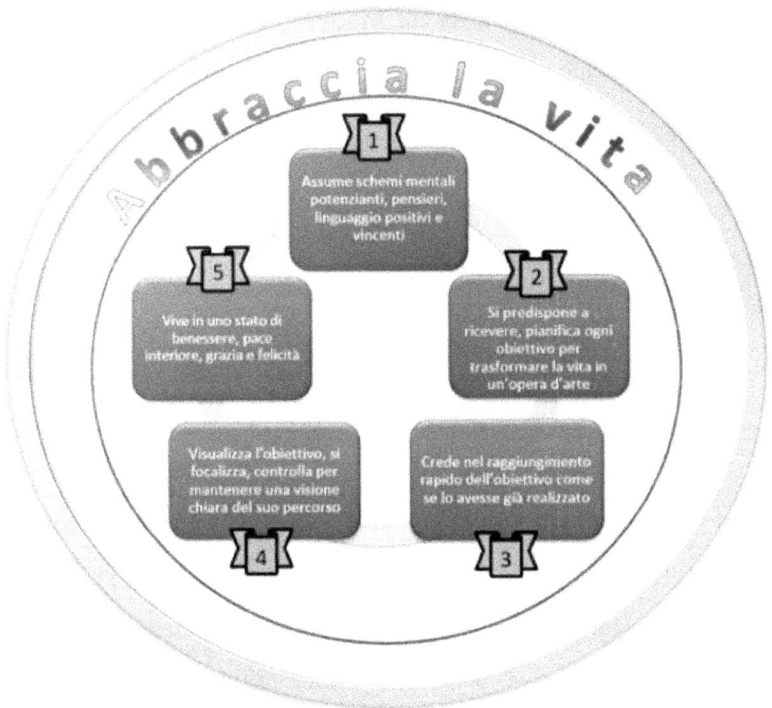

Cosa significa *Abbraccia la vita*?
Vive facile, manifesta amore per la vita, accoglie i cambiamenti, accetta chi è diverso, lascia andare il passato e i giudizi altrui.

Ora che abbiamo specificato le due tipologie opposte, facciamo il gioco dello "sfigometro": secondo la tua percezione, individua sul seguente metro, che va da un modello estremo all'altro, dove ti senti di posizionarti. Se più vicino allo stereotipo di chi vive facile o all'opposto.

Qual è la tua programmazione? Potresti avere solo alcuni aspetti da migliorare o aver pensato di essere una persona positiva e in realtà scoprire che non lo sei affatto. Molti non fanno altro che criticare e lamentarsi vedendo solo ciò che manca nella loro esistenza ma in realtà si considerano degli ottimisti. È arrivato il momento di prendere consapevolezza delle tue convinzioni, dei tuoi pensieri e del linguaggio che usi quotidianamente. Facciamolo insieme!

Esercizio 1 – Come affronto la vita?
Se dovessi fare una descrizione del tuo modo di pensare e agire nella vita di tutti i giorni, come sarebbe?

_____

_____

_____

_____

Rileggi ciò che hai scritto e confrontalo con gli schemi opposti delineati nelle pagine precedenti. Quali sono le aree in cui hai bisogno di migliorare? Riflettici e prendi nota.

Ricomincio da... 5
Se sei molto simile a chi vive facile, complimenti, la tua vita potrebbe essere vicina alla perfezione! Puoi continuare la lettura di questo libro per comprendere quali siano i tuoi fattori critici di successo, potenziarli con i *booster* per accelerare e facilitare il processo di realizzazione dei tuoi obiettivi. Consiglia questo libro a quegli amici che, sentendosi sfortunati, possono trarne numerosi vantaggi, così avrai la possibilità di fare qualcosa per loro.

Se ti senti più vicino agli schemi di chi vive in mezzo alle difficoltà, abbiamo già detto che puoi imparare degli schemi nuovi e li apprenderai nel libro. Si può sempre dire *basta* alla sfortuna e imparare a vivere facile. La vita è nelle tue mani: tornare indietro non si può, ciò che conta è guardare al futuro e capire cosa vuoi veramente. Questo è il momento di prenderti la responsabilità e smettere di incolpare genitori, parenti, coniuge, amici, capo, azienda, politici, Dio per tutto ciò che di spiacevole ti è capitato. Incolpare loro non ti permette di progredire. Afferra la mia mano e un pacco di colori, i migliori e i più vivaci sul mercato, perché andiamo a ridisegnare insieme la tua vita. Questa volta non ti accontentare, sogna in grande, perché è quello che tutti meritiamo.

Imparare a vivere facile
«C'è una forza motrice più forte del vapore, dell'elettricità e dell'energia atomica: la volontà» (*Albert Einstein*).

Cambiare non è semplice e il primo passo è sempre il momento più duro, quello che richiede lo sforzo maggiore. Dobbiamo superare la tendenza innata dell'essere umano a procrastinare e poi imparare a credere nel cambiamento, continuando con energia anche di fronte alle prime barriere o tentativi di auto-sabotaggio. Se non fossi profondamente convinta che si possa cambiare e che il genere umano è destinato all'evoluzione, non avrei mai scritto questo libro.

Come possiamo lasciar andare la parte di noi che ci trascina verso la sfiga? Per dirla alla Stephen Covey, autore de *Le 7 Regole del Successo*, abbiamo bisogno di un *salto di paradigma*, come fece Copernico ponendo il Sole al centro del sistema solare e dell'universo. Abbiamo bisogno di una forte volontà, determinazione e di un comportamento diverso che entri a far parte del nostro DNA. Guardati indietro, cosa stai lasciando? Può trattarsi di una situazione di comodità, in cui hai delle sicurezze... ma ti senti felice?

Se sei di quelli che pensano che siano "tutte sciocchezze" e cercano sempre prove per confutare i metodi degli altri, oppure sei quello del "tanto su di me non funziona", convoglia la tua energia altrove, perché tanto non funzionerà. Stai bene così, oppure non sei ancora pronto per il cambiamento. Henry Ford diceva: «Che tu creda di farcela o no, avrai comunque ragione». Anch'io per anni ho avuto lo stesso atteggiamento: il mio orgoglio, la mia razionalità mi bloccavano. Puoi scegliere di lasciare questo libro nello scaffale di casa o nel tuo lettore ebook. Ognuno ha una *timeline* del cambiamento diversa, cioè un tempo per raggiungere la propria consapevolezza. Potrebbe succedere che un giorno ti torni tra le mani quando sarai bendisposto per accettarlo.

Se ti senti una vittima della vita e non hai mai fatto nulla per cambiare, direi che è arrivato il tuo momento. Oppure puoi scegliere di continuare a vivere nelle difficoltà, perché ci sono anche numerosi vantaggi. È più semplice rimanere dove sei: la tua vita sarà sempre complicata e le persone continueranno a confermarti che succedono tutte a te, ripetendo: «Poverino, mi dispiace!»

Se hai già letto libri, frequentato corsi e non è cambiato nulla, prova ancora, non lasciare nulla di intentato e soprattutto non ti accontentare. Il cambiamento è fatica e richiede impegno, ma la ricompensa sta nella nuova vita futura che ti attende e nella sensazione di benessere e felicità che proverai ogni giorno.

Immagina questo viaggio: andiamo dalla parte di quelli che vivono facile, là dove le cose sono più semplici. Afferra la mia mano, e tieniti forte perché io sarò con te e ti farò da guida, ti dirò il *come*.

Intanto, per esercitarti, comincia a ripetere il tuo mantra: *Vivo Facile, Sfiga Zero*!

Capitolo 1:
Come trasformare pensieri e parole

Regola n. 1: assumi schemi mentali potenzianti, pensieri e linguaggio positivi e vincenti

Voglio cominciare la prima regola con la strofa di una canzone che si chiama *L'alba*: «Non si può tornare indietro, nemmeno di un minuto, è la regola di questo gioco... le strade sono piene di detriti, macerie di un passato che un giorno era stato un futuro entusiasmante... L'alba è già qua, per quanto sia normale vederla ritornare, mi illumina di novità, mi dà una possibilità...» È di Jovanotti, un cantante di successo che "pensa positivo" e riesce a trasferire energia ai suoi fan. Sarà un caso che le sue canzoni parlano d'amore e passione per la vita?

Va bene, non si può tornare indietro, evitare di fare gli errori che hai già commesso, ma ogni alba, ogni nascere di un nuovo giorno ti fornisce la possibilità di ricominciare. Abbiamo tutti la possibilità di scegliere di vivere diversamente. Se sei il creatore della tua vita, devi prendere consapevolezza delle tue convinzioni, pensieri e linguaggio negativi e imparare a potenziarli. Questo significa dare un taglio al passato, e spesso non è così semplice farlo.

Hai presente il senzatetto che gira per la città con dei sacchi di roba che non gli serve? In realtà, tu potresti fare la stessa cosa, ma le tue zavorre sono virtuali: convinzioni, pensieri, esperienze passate negative. Potresti portarti sulle spalle dei fardelli di spazzatura enormi del trascorso che, come vedremo, è meglio lasciar andare. Questi rallentano, limitano o bloccano il tuo cammino, non ti permettono di procedere nella direzione che vuoi. È importante che impari a liberartene, a fare *tabula rasa* di tutto ciò che ti hanno insegnato e ricominciare a costruirti le tue convinzioni da zero. Stavolta però le sceglierai *tu*.

Da chi abbiamo imparato il nostro modo di pensare?
Ciascuno di noi ha un modo personale di interpretare la realtà e di catalogare gli eventi: in base alle nostre convinzioni che sono il risultato delle nostre esperienze soggettive e delle informazioni che abbiamo appreso nell'infanzia. Quando nasciamo, il cervello è

come un hard disk vuoto. Fino ai 7 anni assorbiamo passivamente tutto quello che ci viene propinato da genitori, nonni, parenti, insegnanti che ci trasferiscono i loro schemi mentali. Creiamo le nostre convinzioni basandoci su ciò che udiamo, vediamo e sperimentiamo nella nostra vita.

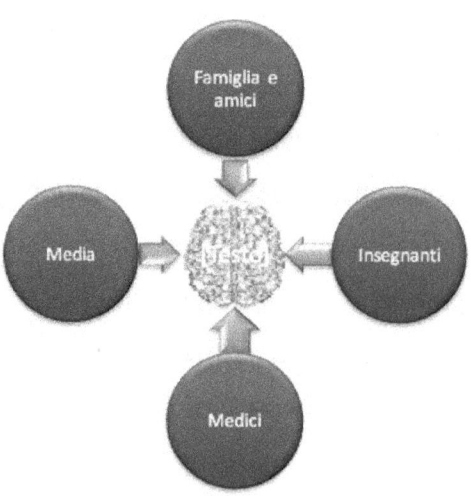

Da dove derivano le nostre convinzioni

La maggior parte dei nostri pensieri, quindi, è frutto delle credenze degli altri, quelli con cui trascorriamo più tempo, compresi gli amici, ma anche i medici e i media fanno la loro parte. Se abbiamo vissuto con persone che avevano schemi negativi e abbiamo deciso di modellarli, cioè di copiarli, potremmo generare pensieri limitanti e dover affrontare una vita costellata di difficoltà e di blocchi da superare.

I nostri familiari, cercando di proteggerci e di evitarci le delusioni, ci hanno prospettato una vita piena di complicazioni così come l'hanno percepita e vissuta loro. Quante volte ci hanno ripetuto: «Attento a questo», «Attento a quell'altro»... Oppure pensiamo ai modi di dire tramandati di generazione in generazione: «La vita è dura», «Non ti regala niente nessuno», «Chi si accontenta gode» e così via, che ci preparano al peggio. Abbiamo vissuto circondati da persone che ci hanno messo ansia, paura, che ci hanno limitato e bloccato trasferendoci le loro esperienze e la loro visione soggettiva della realtà.

La ripetizione genera convinzione e quelle affermazioni reiterate nel tempo, per il nostro subconscio, sono divenute reali. Non ricorda forse il meccanismo degli spot pubblicitari e il loro linguaggio ipnotico per spingerci all'acquisto? Napoleon Hill scriveva: «Qualsiasi impulso mentale trasmesso ripetutamente al subconscio viene infine accolto e messo a frutto dal subconscio stesso».

Esiste inoltre un perverso meccanismo mentale per cui utilizziamo episodi della nostra vita per riconfermare a noi stessi le nostre opinioni. Se siamo fermamente convinti di qualcosa che non vogliamo cambiare, la mente userà ogni fatto accaduto come prova per ribadirci che abbiamo ragione, seguendo il seguente schema:

Meccanismo di riconferma di una convinzione

A questo punto, incolpare chi ci ha trasferito queste convinzioni non è costruttivo, criticare gli altri non ci spinge al cambiamento. Diventiamo solo prigionieri dei nostri problemi e frustrazioni. Dobbiamo convincerci che la nostra esistenza non deve essere per forza dura come dicono. C'è un modo per entrare in un flusso di vita più facile.

La buona notizia è che abbiamo la possibilità di scegliere: accogliere gli schemi che ci hanno fornito oppure credere che ognuno di noi sia diverso, che abbia infinite potenzialità e che le regole possano essere scalzate dalle eccezioni. Torniamo bambini per riprogrammare questi schemi e i nostri pensieri: allontaniamoci da ciò che non fa parte di noi e costruiamo quello che veramente vogliamo essere.

Come ti hanno programmato?
«Io penso positivo / perché son vivo e finché son vivo / niente e nessuno al mondo potrà fermarmi dal ragionare» (*Jovanotti*, "Positivo").

Per affrontare una grossa trasformazione, devi comprendere quali siano le programmazioni ricevute dal tuo ambiente e prestare attenzione al linguaggio che usi perché crea la realtà in cui vivi. Se sei nato in una famiglia di quelle che vedono più spesso il bicchiere mezzo pieno, magari sarai stato abituato a sentire: «vedrai che tutto si sistema», «una soluzione c'è sempre», «troverai di meglio». Una mia amica si ripeteva spesso «devo toccare il fondo prima di risalire», radicando così l'idea di dover cadere sempre più verso il basso, invece di raccogliere le forze per motivarsi a riprendersi da un periodo di difficoltà. Forse sarebbe meglio dire: «in un mese mi rimetto in piedi con facilità».

Eckhart Tolle, famoso scrittore tedesco del libro *Il potere di adesso*, scriveva: «La mente è uno strumento eccezionale se usata nel modo giusto. Ma se viene utilizzata impropriamente, diventa pericolosa e distruttiva. Per essere più precisi, non si tratta tanto di usare la mente in modo sbagliato, ma di non usarla affatto. È lei a usare te».

Qual era la mia programmazione? A volte affrontavo i cambiamenti della vita con ansia e negatività. Mi resi conto che avevo modellato questo atteggiamento dai miei genitori, che lo avevano ripreso, a loro volta, dalle loro famiglie. A casa mia, talvolta sentivo ripetere: «si chiude una porta e si apre un portone».

Questo mi portava a una visione ottimista dei cambiamenti. Ricordi la frase potenziante che avevo in testa dopo la perdita del lavoro? «Troverò qualcosa di meglio che mi soddisfi di più», che mi dava l'energia necessaria per motivarmi con ottimismo.

Tuttavia, mio padre aveva una visione della vita complicata, piena di ostacoli e difficoltà da superare. In famiglia circolavano anche le seguenti affermazioni: «Non ti regala niente nessuno», «Nella vita bisogna faticare per ottenere ogni cosa», «Stavamo meglio quando stavamo peggio». Scegliendo queste convinzioni, poteva la mia vita scorrere liscia?

Quali sono le caratteristiche di queste frasi?
- sono generalizzazioni;
- non sono sempre valide per tutti;
- sono potenti e, ripetute di generazione in generazione, si tramandano come il DNA.

Anche tu puoi identificare le tue convinzioni limitanti e le puoi demolire uscendo dai tuoi soliti schemi con l'aiuto delle seguenti domande: Ma chi lo dice? È sempre così? Posso trovare degli esempi in cui è diverso? Come posso riformularle? Potrai inoltre convertirle in frasi potenzianti cambiandole in chiave positiva. Di seguito degli esempi di questo meccanismo di trasformazione:

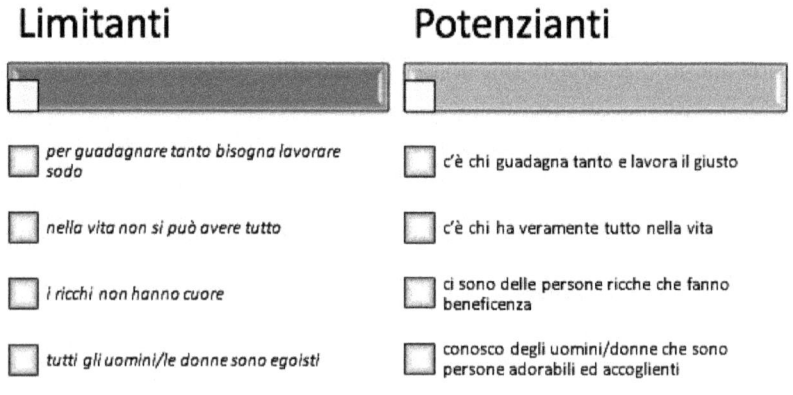

Se le convinzioni limitanti sono entrate nel pensiero a forza di ripetersele, si potrà utilizzare la stessa strategia per riprogrammare la mente con nuove credenze potenzianti, cioè ripetendosele ogni giorno. Non ti resta che analizzare le convinzioni relative alla vita in generale o alla ricchezza, alla famiglia, al lavoro e alla salute che finora ti hanno limitato, o che possono farlo nel tempo, e mettere in pratica questo metodo. Ti consiglio di prendere un quadernone per svolgere gli esercizi del libro che faremo insieme e annotare i miglioramenti di percorso. Una sorta di diario che ti permetterà di motivarti e continuare verso il processo di trasformazione.

Esercizio 2 – Imparo nuove convinzioni
Step 1: Fai una lista delle frasi che venivano ripetute più spesso nel tuo ambiente familiare, specialmente nelle aree della vita che devono essere migliorate.
Step 2: Ribalta le convinzioni limitanti rendendole potenzianti.
Step 3: Acquisisci queste nuove credenze ripetendole di seguito una volta al giorno per almeno 90 giorni.

Presuppongo, quindi cambio
«Follia è fare sempre la stessa cosa e aspettarsi risultati diversi» (*Albert Einstein*).

Durante i miei studi per diventare coach, ho avuto modo di studiare la Programmazione Neuro Linguistica (PNL). Richard Bandler e John Grinder, fondatori di questa disciplina, studiarono i comportamenti di successo e gli schemi di pensiero da cui questi comportamenti si originavano. Alcune presupposizioni alla base dell'intero approccio della PNL mi furono d'aiuto per motivarmi al cambiamento e trasformare le mie convinzioni limitanti.

Le presupposizioni sono affermazioni potenti che non devono necessariamente essere vere, ma sono utili perché ti permettono di superare quei limiti mentali creati dalle cattive convinzioni. Anche in questo caso, se la ripetizione genera convinzione, le presupposizioni possono essere veramente potenti, perché ci insegnano a vedere il mondo da un'altra prospettiva. Te ne elenco tre che possono ispirarti nel tuo processo di cambiamento:

- Continuando a comportarmi come sto facendo, continuerò a ottenere gli stessi risultati.
- Se quello che faccio non funziona, basta cambiare strategia.
- Il cambiamento genera cambiamento: se cambio il mio modo di pensare cambio la mia realtà.

Esercizio 3 – Imparo le presupposizioni
Ripeti per 3 volte a voce alta le 3 presupposizioni e utilizzale nel corso della giornata, ogni volta in cui cadi di nuovo nei tuoi schemi limitanti.

Siamo tutti creatori

«Il mondo che abbiamo creato è il prodotto del nostro pensiero e dunque non può cambiare se prima non modifichiamo il nostro modo di pensare» (*Albert Einstein*).

Come dicevo nel capitolo precedente, rimasi colpita dalle parole di Napoleon Hill che, con la sua filosofia AMP (Atteggiamento Mentale Positivo), aveva aiutato milioni di persone a realizzarsi nella vita:

«I pensieri sono veramente cose e per giunta potenti specie se li si abbina alla chiarezza di intenti, alla tenacia, al desiderio ardente di tradurli in ricchezze e altri oggetti materiali».

All'epoca la mia mente scientifica e razionale non riusciva a crederci, ma poi mi resi conto che, ovunque leggessi incontravo la stessa affermazione. Non era possibile che persone così diverse dicessero la stessa cosa. Ci doveva essere un fondo di verità.

Oltre a Hill e Einstein, c'erano ovunque citazioni:
«L'universo è cambiamento; la nostra vita è il risultato dei nostri pensieri» (Marco Aurelio Antonino).
«Siamo quello che pensiamo. Tutto ciò che siamo nasce con i nostri pensieri. Noi creiamo il nostro mondo» (Buddha).

Questo significa che siamo noi ad aver plasmato tutte le esperienze che abbiamo vissuto finora, anche quelle di cui ora ci lamentiamo: amori sbagliati, un furto o un incidente, un capo aggressivo, un licenziamento, i debiti. Abbiamo creato tutto noi. Siamo noi i responsabili della nostra sfortuna. Ti confido che per me è stato difficile accettarlo ma, nel momento in cui l'ho fatto, ho ripreso in mano il mio potere ed ho potuto trasformare la mia vita.

Ho due buone notizie:

- Siamo dei creatori molto potenti.
- Esiste il libero arbitrio.

Se abbiamo il potere di costruirci problemi ogni giorno, siamo dei creatori eccezionali e possiamo usare lo stesso potere per forgiare una vita facile, imparandone le dinamiche.

Non possiamo cambiare il passato ma possiamo lavorare per un futuro migliore. Abbiamo libertà di scegliere: con l'allenamento quotidiano possiamo gestire la nostra mente producendo pensieri di qualità per prendere in mano la nostra vita. Io lo chiamo *fitness mentale*, un allenamento che, come quello per il corpo, ci sarà d'aiuto per superare i blocchi che incontriamo sul nostro cammino. Metti le scarpe da ginnastica al tuo cervello perché faremo esercizio per tutto il libro.

Se è vero che noi siamo gli artefici della nostra vita attraverso ciò che pensiamo, allora, per migliorarla, dobbiamo diventare consapevoli:
- dei nostri pensieri e delle convinzioni che li originano;
- del linguaggio che usiamo in ogni momento.

Perché i pensieri hanno così grosso potere?
«Pensa ai rifiuti tossici che ogni giorno la maggior parte delle persone introduce nel fertile giardino della propria mente: i timori, le ansie, i crucci del passato, le angosce per il futuro e quelle paure senza fondamento che devastano irreparabilmente il nostro mondo interiore» (*Robin Sharma*, "Il Monaco che vendette la sua Ferrari").

Incameriamo circa 400 miliardi di bit d'informazioni al secondo ogni giorno e ne siamo consapevoli solo di circa 2.000/sec. La nostra mente è sempre accesa e i pensieri normalmente vagano in maniera incontrollata: ci mettiamo nel letto con l'intenzione di dormire e la mente ci costringe a riflettere su un torto che abbiamo subìto o sulla lista delle incombenze del giorno dopo.

Pensare può essere più faticoso di un lavoro. Ti è mai capitato, a fine giornata, di sentirti stanco senza aver fatto nulla? Adesso capirai il perché.

> 1 pensiero/secondo al giorno
> 60.000 pensieri/giorno

Ma che ci diciamo? Il 95% sono gli stessi pensieri di ieri, del giorno prima e di quello ancora precedente (pensiamo come un disco rotto).

All'80%, i nostri pensieri abituali sono per lo più negativi. Per spiegare questo chiacchiericcio, molti usano la metafora della mente come un giardino e di ogni pensiero come un seme. Tu che tipo di pensieri semini nella tua mente? E cosa cresce: erbacce soffocanti o fiori profumati?

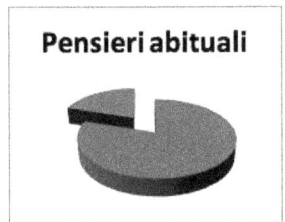

Esercizio 4 – Quali sono i miei pensieri abituali?

Step 1: Per diventare consapevole di quello che ti passa per la mente, rifletti sulla percentuale di tempo della giornata che trascorri a lamentarti, criticare o rimuginare su eventi negativi del passato o su quali incidenti potrebbero accadere nel futuro.

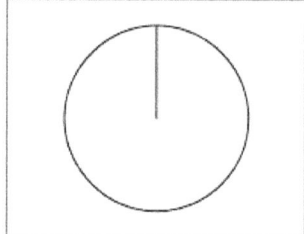

Step 2: Riportala sul grafico a torta utilizzando il tuo metro soggettivo.

Step 3: Considerando la frenesia della nostra vita quotidiana, rifletti su come potresti impiegare meglio quella fetta di tempo risparmiato, che invece trascorri facendo questa attività altamente tossica. Che ne dici di utilizzarlo per occuparti di più del tuo benessere?

Siamo tutti profeti: creare il buon auspicio in 4 mosse
«Datemi almeno una ragione per cui dobbiamo aspettarci che tutto vada per il verso sbagliato. Io non riesco più a trovarne!» (*Stefania Ippoliti*).

Tutti possediamo una vocina interiore che come un *giornalista di cronaca nera* commenta in maniera apocalittica e incontrollata quello che facciamo: ci giudica, ci critica e noi la appoggiamo con ragionamenti infiniti su come dovrebbero andare le cose.

Ti è mai successo di iniziare la giornata con questi ritornelli? «Ogni giorno c'è un problema», «Nessuno mi aiuterà», «Non ce la farò mai». Cosa cambierebbe se invece scegliessimo di cominciarla in modo diverso? «Oggi tutto andrà per il meglio, troverò di sicuro qualcuno che mi aiuterà, tutto si svolgerà con facilità». Vediamo insieme gli esempi che cambiano completamente la prospettiva e sicuramente il corso degli eventi:

Limitanti

☐ E' pericoloso uscire la sera da soli. Guido piano se no vado a sbattere. Se prendo freddo mi ammalo. Tanto lo so che troverò traffico ed arriverò in ritardo. Non troverò mai parcheggio. Mi daranno di sicuro una multa. La cena sarà un disastro.

☐ La mia vita è costellata di drammi e imprevisti. Incontro sempre persone sbagliate. Rimarrò per sempre da solo/a.

☐ Domani succederà di tutto. Ho paura che mi interrogheranno perché non ho studiato. Come al solito mi chiederanno solo quello che non so.

Potenzianti

☐ Esco la sera e guido in tranquillità e sicurezza. Anche se prenderò un po' di freddo rimarrò in salute lo stesso. Le strade saranno libere ed arriverò puntuale. Troverò un parcheggio gratuito davanti al ristorante con facilità. La cena sarà piacevole.

☐ La vita ci può sempre stupire. ogni giorno posso incontrare una persona speciale che mi vuole bene.

☐ Domani sarà un'altra bellissima giornata. So che interrogheranno i miei compagni. Quando mi interrogheranno, mi chiederanno solo ciò che conosco alla perfezione.

Che cosa ci impedisce di partire con uno stato emozionale positivo invece che depresso e pieno di negatività? In una parola? L'abitudine. Possiamo imparare a cambiare non solo il nostro dialogo interiore, ma anche il linguaggio che utilizziamo. È sempre e solo una questione di esercizio, che ci condurrà a creare una nuova routine. Nel cervello ci sono miliardi di terminazioni nervose e di legami tra di esse chiamate *sinapsi*. Queste suggeriscono al corpo gli step da compiere per ogni determinata azione, per esempio aprire una porta.

Questo meccanismo da un lato è un vantaggio, perché una volta creati i collegamenti, ci permette di fare un movimento senza rifletterci: il cervello infatti segue uno schema con il pilota automatico. Dall'altro, per sviluppare un'abitudine diversa serve un numero molto elevato di collegamenti sinaptici e ci vogliono dai 60 ai 90 giorni per crearne di nuovi, cioè per far compiere al cervello percorsi neuronali differenti. Questo è il motivo per cui incontriamo difficoltà a cambiare, per esempio, un'abitudine malsana.

Siamo solo alla prima regola e abbiamo già imparato alcuni concetti basilari: i pensieri diventano cose, le affermazioni sono potenti e la ripetizione genera convinzione. Impariamo dunque a esprimerci quotidianamente con pensieri e linguaggio che creino positività usando le *4 mosse del buon auspicio*.

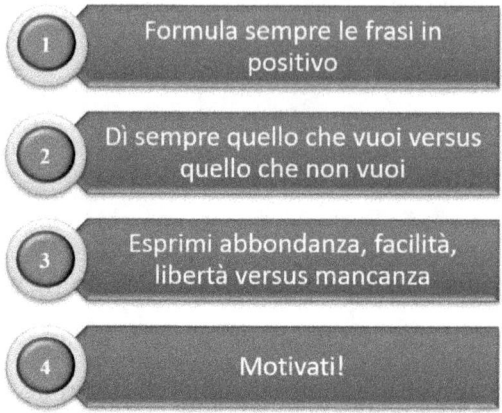

⚠ Espressioni tossiche. *Non:* il cervello umano non "legge" le negazioni. Immagina, quindi, se dici: *non voglio più problemi = voglio problemi.*

Evita di demotivarti: potresti mai riuscire a completare un esercizio di 150 addominali mentre ti ripeti «Non ce la faccio», «Non ce la farò mai» o «Non ce la posso fare?»

Esercizio 5 – Per cambiare ci metto la faccia
Prendi il tuo quadernone; in questo esercizio disegneremo i *Due volti del cambiamento*: uno con l'atteggiamento che vuoi abbandonare e l'altro con quello da adottare. Come esempio,

troverai sotto quelli che avevo compilato durante il mio percorso di crescita.

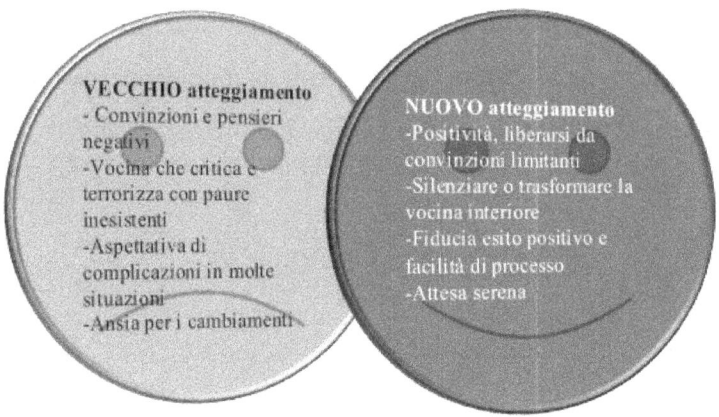

Esercizio 6 – Riformulo pensieri e linguaggio

Su, al lavoro! È arrivato il momento degli esercizi di *fitness mentale*. Durante questa settimana presta attenzione ai pensieri che crei e al linguaggio che utilizzi. Cosa esprimi, negatività o positività? Quando comunichi con una valenza negativa esclama: «Cancello, cancello, cancello e riformulo!». Converti la frase in modo positivo e potenziante e ripeti il tuo mantra: *Vivo Facile, Sfiga Zero*.

Bravo, hai completato il primo capitolo. Sei sulla strada giusta, perché hai appreso ottimi concetti base per la tua trasformazione. Ti meriti un premio! Nella pagina successiva troverai "le pillole per una vita facile". Sono magiche, prendile e focalizzati su cosa vuoi portare con te. Poi, subito dopo, gira le pagine e prepara i colori, perché nel prossimo capitolo dipingerai la tua nuova vita.

PILLOLE PER UNA VITA FACILE – CAPITOLO 1
Cosa mi è piaciuto di più?

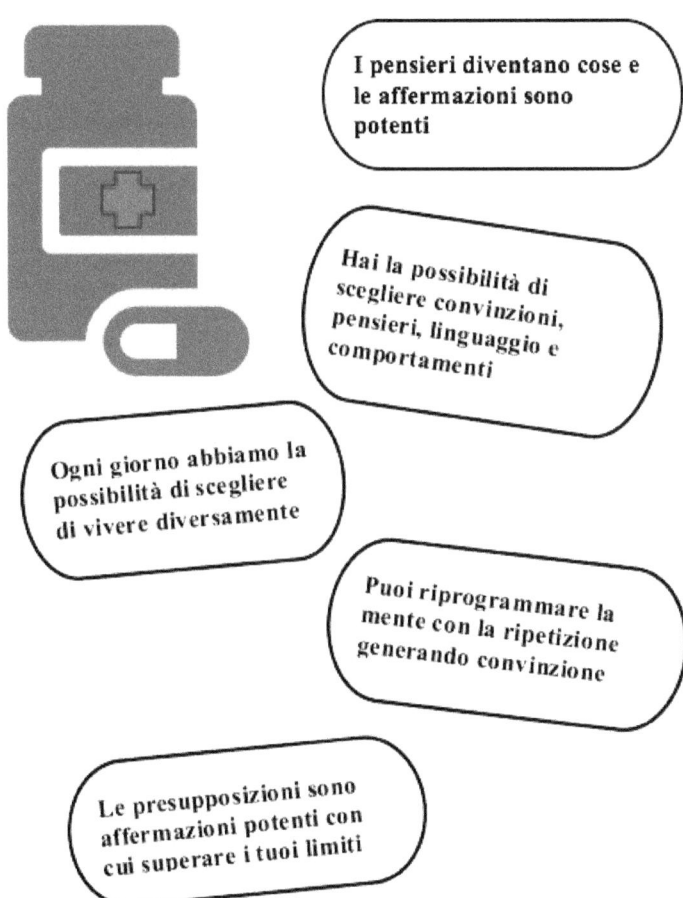

I pensieri diventano cose e le affermazioni sono potenti

Hai la possibilità di scegliere convinzioni, pensieri, linguaggio e comportamenti

Ogni giorno abbiamo la possibilità di scegliere di vivere diversamente

Puoi riprogrammare la mente con la ripetizione generando convinzione

Le presupposizioni sono affermazioni potenti con cui superare i tuoi limiti

Capitolo 2:
Come dipingere il tuo futuro

Regola n. 2: predisponiti a ricevere, pianifica ogni obiettivo per trasformare la vita in un'opera d'arte.

Complimenti per essere approdato alla seconda regola. Se sei arrivato fin qui, vuol dire che vuoi, o stai valutando di attuare, una trasformazione nella tua esistenza. Ora che sai come funzionano i meccanismi mentali bisogna fissare nuove mete.

Qual è la ragione principale per cui la maggior parte delle persone non ottiene ciò che desidera? Semplice, perché non sa cosa vuole. Quindi la chiarezza è fondamentale. Faremo prima un'analisi approfondita della situazione, per stabilire le tue priorità e fissare un obiettivo, cioè cosa desideri realizzare.

È arrivato il momento di sognare in grande. Ricordati che siamo in grado di farlo tutti, illimitatamente, senza pagare un tanto a sogno che creiamo, e l'abbonamento a vita è gratuito. Chi vive facile sa sempre quello che vuole e non conosce il verbo accontentarsi. Vuole essere ricco, avere un lavoro appagante ben retribuito, una bellissima famiglia, una casa fantastica e tempo libero in abbondanza per coltivare le sue passioni, perché questo lo rende felice.

Inoltre, ti fornirò le tecniche per lasciar andare le resistenze che ti frenano dal ricevere, in modo da predisporti ad accogliere prosperità e benessere e compiere i passi necessari verso la tua evoluzione.

La Ruota della Felicità
«Se non progetti la tua stessa vita, le probabilità sono che tu rientri nei piani di qualcun altro. E indovina cosa hanno progettato per te? Non molto» (*Jim Rohn*).

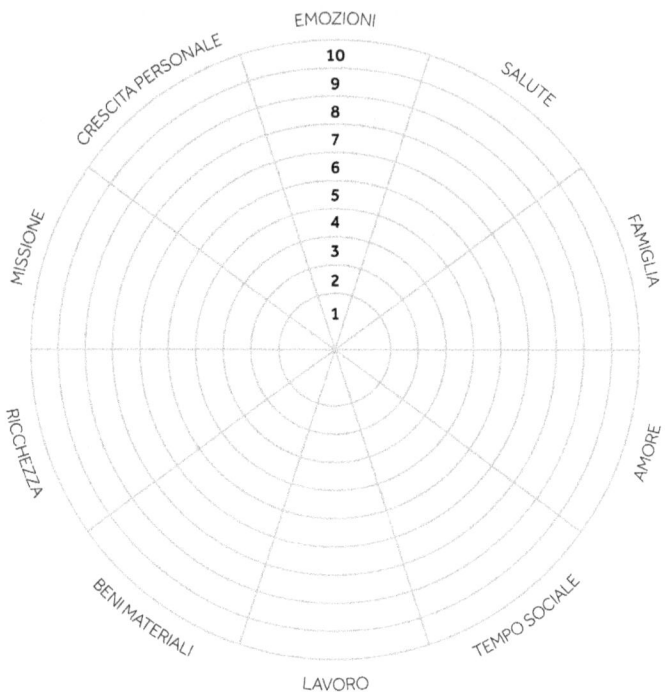

Ecco uno strumento di autocoaching che ti permetterà di ottenere un disegno chiaro della tua vita, con tutte le diverse aree che la compongono. Non è sempre facile trovare un equilibrio. Da adulti, siamo spesso così presi dalla nostra routine lavorativa e familiare che non riusciamo a trovare il tempo per coltivare le nostre passioni o semplicemente per vedere i nostri amici. Rimpiangiamo la libertà dell'adolescenza e non ci rendiamo neanche conto che la nostra insoddisfazione aumenta fino a farci perdere l'entusiasmo per la vita.

Come mai si chiama Ruota della Felicità? Perché ci permette di capire come, lasciando spazio a più aspetti della nostra vita, abbiamo la possibilità di rimetterla in moto e ritrovare un equilibrio. L'atteggiamento comune è quello di dedicarsi solo a 4 aree principali: salute, famiglia, lavoro e ricchezza.

Stephen R. Covey scriveva che bisogna impiegare del tempo ad *affilare la lama* anche nelle seguenti dimensioni della natura umana: fisica, sociale/emozionale, spirituale e mentale.

«Questo è l'unico investimento veramente potente che possiamo fare nella nostra vita, un investimento su noi stessi, sull'unico strumento che abbiamo per destreggiarci nella vita e dare il nostro contributo. Noi siamo gli strumenti della nostra stessa performance».

Ritengo che per avere una vita equilibrata occorra considerare anche aspetti come tempo sociale, emozioni, missione, crescita personale, beni materiali e amore. La ruota è stato uno dei primi strumenti che ho imparato a seguito dei miei studi. Mi resi conto subito della sua efficacia. Quando ebbi finito di compilarla, annerendo gli spazi, era molto simile a quella che vedi sotto, di colore più scuro: c'erano aree in cui mi sentivo molto appagata e altre che decisamente non andavano. Immediatamente capii che dovevo rimboccarmi le maniche: quella ruota non girava, e come avrebbe potuto? Era sbilenca!

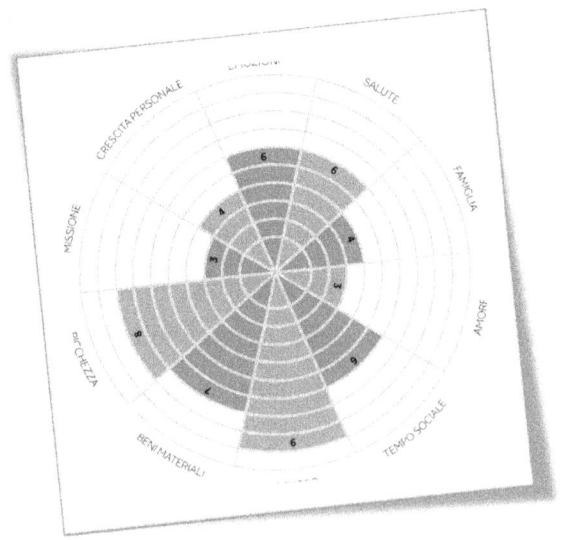

Se gira la ruota, gira la vita con facilità

Puoi scegliere di compilare il grafico qui, o scaricare il file dall'album foto *Succedono tutte a te* della mia pagina Facebook (https://www.facebook.com/pg/MentalCoachStefania/photos/?tab=albums). Ti consiglio di fare una copia ingrandita per lavorarci al meglio. Colorando le caselle con una matita, a seconda del tuo grado di soddisfazione per ciascuna area, otterrai una visione della tua vita attuale.

Se siamo appagati in più aspetti, la parte scura del grafico apparirà più tondeggiante e ci sentiremo più sereni e in equilibrio. Gli spicchi della ruota che valuterai con valori molto bassi saranno i campi che necessitano di più attenzione. Quando riuscirai ad aumentare il tuo livello di soddisfazione in questi settori, vedrai che in generale percepirai maggiore benessere ed emozioni positive. Perché la felicità dipende proprio dall'equilibrio che riesci a portare nella tua esistenza.

Esercizio 7 – La Ruota della Felicità Presente
La compilazione è semplice: ti supporterò con 2 affermazioni guida per ciascuna area, che ti aiuteranno ad auto-valutarti seguendo una scala di valori personale.

Step 1: Valuta con un numero da 0 a 10 il grado di soddisfazione di ciascuna delle due affermazioni.

Step 2: Fai la somma e poi dividi per due.

Step 3: Colora sulla ruota tutte le caselle fino al numero del cerchio corrispondente a quello che hai ottenuto e passa all'area successiva.

Step 4: Analizza il grafico, considera gli aspetti su cui devi focalizzare di più l'attenzione.

Step 5: Scrivi sul foglio una lista delle priorità.

Valuta il grado di soddisfazione di ciascuna delle seguenti aree:

Emozioni
- del tuo umore giornaliero
- della tua capacità di migliorare il tuo stato d'animo

Salute
- del tuo livello di energia abituale
- della tua forma fisica

Famiglia
- dei rapporti con figli, genitori, fratelli /sorelle, parenti
- dell'atmosfera in casa tua

Amore
- della tua relazione
- dell'amore che ricevi da chi ti circonda

Tempo sociale
- della qualità del tempo libero
- della tua vita sociale

Lavoro	• del rapporto qualità versus retribuzione • dei livelli di stress
Beni materiali	• delle cose che possiedi (auto, casa, elettrodomestici) • della qualità versus esigenze
Ricchezza	• del modo di gestire il denaro • del tuo stile di vita
Missione	• della tua crescita mentale e spirituale • del tuo contributo al mondo (fare per gli altri)
Crescita personale	• del tempo dedicato a corsi di crescita personale • delle tue letture

Sogna il tuo futuro

«Tutti gli uomini sognano: ma non allo stesso modo. Coloro che sognano di notte, nei recessi polverosi delle loro menti, si svegliano di giorno per scoprire la vanità di quelle immagini: ma coloro i quali sognano di giorno sono uomini pericolosi, perché possono mettere in pratica i loro sogni a occhi aperti, per renderli possibili» (*Thomas Edward Lawrence*).

Ora che hai disegnato il quadro del presente, ti puoi preparare a dipingere il tuo futuro. Crea una Ruota della Felicità Futura, pensando a quello che vuoi diventare entro 5 anni. Partendo dalle priorità che sono emerse dalla tua analisi della Ruota della Felicità Presente, considera dove vuoi arrivare in ciascuna area in questo arco temporale e segui l'esercizio.

Esercizio 8 - La Ruota della Felicità Futura
Step 1: Trova un posto appartato per rilassarti, chiudi gli occhi, inspira ed espira profondamente per 3 volte.

Step 2: Rifletti su ciò che più desideri e immagina la tua nuova esistenza. Fallo "imbarazzantemente" in grande e chiediti: Come voglio vedermi? Cosa voglio essere in grado di fare? Quali emozioni voglio provare? Se dessi a questo aspetto valore 7, come sarebbe la mia vita?

Step 3: Apri gli occhi e compila la tua Ruota del Felicità Futura.

5 consigli per esprimere un obiettivo al meglio
«Il vostro tempo è limitato per cui non lo sprecate vivendo la vita di qualcun altro. Non fatevi intrappolare dai dogmi, cioè vivere secondo il pensiero degli altri. Non lasciate che il rumore delle opinioni altrui offuschi la vostra voce interiore» (*Steve Jobs*, Discorso ai neolaureati di Stanford).

Dopo aver completato la Ruota della Felicità Futura, dovresti aver creato dentro di te l'immagine di chi vuoi diventare. Per intraprendere il tuo cammino verso la trasformazione, devi fissare il tuo primo obiettivo di successo e decidere cosa vuoi veramente.

Ci sono dei criteri per formularlo correttamente. Forse avrai sentito parlare di obiettivo SMART:
- **Specifico**: definisci con precisione un obiettivo da portare a termine personalmente, che sia sotto il tuo controllo.
- **Misurabile**: decidi come misurare i progressi e i risultati.
- **Attuabile**: considera le sfide e la fattibilità.
- **Realistico**: determina se è raggiungibile.

- **Tempificato**: stabilisci tappe e scadenze.

Abbiamo imparato quanto sia fondamentale il linguaggio. Ho quindi preparato per te i *5 consigli pratici* per formulare un obiettivo di successo:
1. Esprimilo in modo positivo.
2. Richiama l'abbondanza *versus* mancanza (voglio ottenere/guadagnare *versus* voglio smettere di...).
3. Definisci dove vuoi andare *versus* cosa vuoi evitare (voglio essere libero di... *versus* sono stanco di...).
4. Usa il verbo "voglio", è più incisivo e manifesta volontà.
5. Evita "se", "ma", "provo", "vorrei", "mi piacerebbe", perché esprimono incertezza.

Esercizio 9 – Creo il mio obiettivo di successo

Step 1: Riprendi la Ruota della Felicità Presente e le priorità che hai stabilito. Formula il tuo obiettivo seguendo i consigli che ti ho fornito.

Step 2: Scrivilo su un foglio e appendilo assieme alla Ruota del Futuro. Questo ti permetterà di essere focalizzato sul tuo obiettivo principale e di vederlo come parte del tuo piano più grande di trasformazione. Nel corso dei prossimi capitoli, continueremo a lavorarci sopra.

Step 3: Quando avrai raggiunto la tua meta, celebra il successo e poi crea una nuova Ruota della Felicità Presente aggiornata: potresti aver migliorato sensibilmente anche altre aree come conseguenza del tuo cambiamento. Analizza il grafico ottenuto, considera gli aspetti su cui devi focalizzarti di più. Scegli le tue priorità, riformula un nuovo obiettivo e riparti!

I 3 moschettieri: pensieri, parole, emozioni
Pensieri e parole devono essere allineati con le emozioni, è un altro segreto che ti svelo: questi 3 ingredienti, mescolati insieme, potenziano il processo di trasformazione in realtà. Aggiungiamo quindi un'altra componente a questo grafico che oramai conosciamo bene.

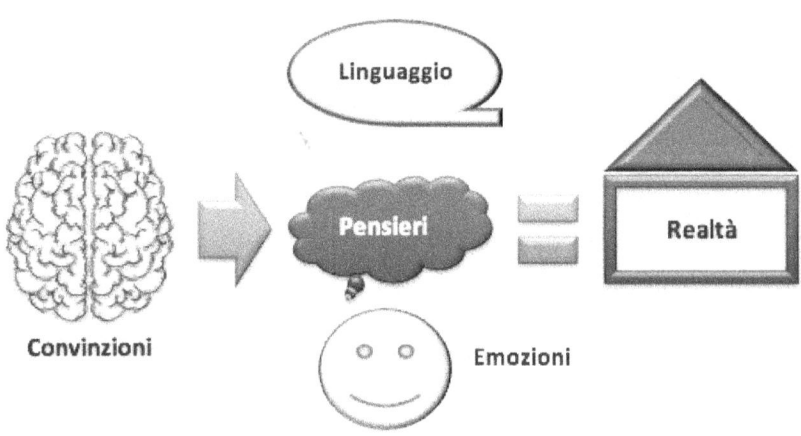

Quando facciamo un progetto o formuliamo obiettivi, occorre essere consapevoli anche delle sensazioni che proviamo. Se il nostro obiettivo non è accompagnato da emozioni potenzianti, è come se ci trovassimo in macchina con le valigie pronte e non avessimo carburante per partire.

Forse avrai sentito parlare della *legge dell'attrazione* che, al pari della legge di gravità, è una legge universale immutabile: agisce continuamente ed è sempre in funzione. Siamo fatti di energia e possiamo misurare gli impulsi elettrici con l'elettroencefalogramma. Come calamite, attiriamo verso di noi persone ed eventi che sono sulla nostra stessa frequenza.

Nel momento in cui esprimiamo il nostro obiettivo, dobbiamo quindi mantenere pensieri e atteggiamento positivi per sintonizzarci su frequenze alte di amore, felicità e abbondanza, o su quello stato emozionale che vogliamo raggiungere. Secondo questa legge, attraiamo ed espandiamo tutto quello su cui ci concentriamo o dedichiamo energia. Se ti concentri su mancanza e negatività, sarà quello che otterrai.

Pensa a quando siamo felici per un nuovo progetto o quando siamo innamorati: entriamo nel flusso giusto, siamo carichi, instancabili, in salute e ci si presentano grandi opportunità. Se invece viviamo nelle frequenze basse del dolore, della rabbia e del pessimismo, oltre a sentirci fiacchi, attiriamo verso di noi una serie di situazioni spiacevoli. È importante rimanere su un livello vibrazionale alto anche di fronte agli incidenti della vita ed evitare pensieri di rabbia e negatività, perché inevitabilmente ci attireremo una *reazione a catena delle negatività*, come successe a me dopo il licenziamento.

Una prova scientifica del fatto che si possa influenzare la materia attraverso il pensiero è stata fornita da uno studio del Dr Rein, del Centro di Ricerca HeartMath, in California. Sono stati reclutati 3 gruppi di persone a cui sono state fatte tenere in mano ampolle contenenti campioni di DNA in acqua deionizzata con lo scopo di cambiare la forma dei filamenti. Al primo gruppo furono applicate tecniche che inducevano emozioni positive di amore e apprezzamento e al secondo fu chiesto di esprimere l'intento di modificare il DNA. Sui campioni del primo e del secondo gruppo, non furono riscontrati cambiamenti rilevanti.

Ai membri del terzo gruppo furono procurate emozioni positive e venne chiesto loro di esprimere un'intenzione affinché si modificasse il DNA. Sui loro campioni vennero riscontrati cambiamenti rilevanti nell'avvolgimento e nel dispiegamento dei filamenti. Questo significa che, per creare la nostra realtà, abbiamo bisogno di due componenti: esprimere la nostra *intenzione* e accompagnarla con emozioni potenzianti.

Se non ricevi, accendi il Wi-Fi!
Potrebbe essere successo che tu non sia riuscito a creare una Ruota della Felicità Futura perché non sapevi cosa desiderare. Oppure, mentre scrivevi il tuo obiettivo, potresti aver provato una stretta allo stomaco, la sensazione spiacevole di non essere all'altezza: in

un attimo la magica visione del futuro che avevi creato ha subìto un crollo insieme a fiducia e sicurezza.

Quali sono le ragioni di questo atteggiamento? Semplicemente una parte di te può non essere d'accordo con la tua decisione di cambiare e si oppone al tuo desiderio di trasformazione. Possiamo forse riuscire a ottenere prosperità se ci posizionano in uno stato di chiusura nei confronti di felicità, abbondanza e benessere?

È come se volessimo scaricare un file gratis dal web senza connessione e con il Wi-Fi spento. Come potremmo mai ritirare il nostro regalo?

Dobbiamo uscire da questa situazione di stallo. Oltre a scegliere le convinzioni, i pensieri, il linguaggio, gli obiettivi, occorre imparare a predisporsi a ricevere assumendo uno stato d'animo di accoglienza. Quali sono gli atteggiamenti che dimostrano delle resistenze interne?

1) Ci screditiamo. Se ci ripetiamo "non capisco niente", "sbaglio sempre", "non ne faccio una giusta", queste frasi potrebbero essere il risultato di ciò che abbiamo sentito dire durante l'infanzia dagli adulti. Da loro abbiamo imparato a criticare e a criticarci copiando i loro modi di dire. Le affermazioni sono potenti, specialmente quelle che riguardano la nostra identità e che esprimiamo con *io sono* ("io sono uno stupido", "io sono un incapace"). Gli aggettivi negativi con cui ci identifichiamo, sono tarli che mettiamo nel subconscio che, con il tempo, consumano la nostra auto-immagine, cioè l'idea che abbiamo di noi stessi custodita nel subconscio. Rifletti, quello che ti dici è simile al linguaggio che usavano per sgridarti?

2) Ci accontentiamo. Da bambini, non avevamo problemi, potevamo chiedere quello che desideravamo. Se ci hanno sempre insegnato che «bisogna accontentarsi» e che «non si deve mai chiedere», potremmo avere una programmazione limitante. Siamo tutti d'accordo che bisogna apprezzare e ringraziare per ciò che si ha, ma non c'è motivo di stare per forza in una situazione di disagio. Luciano Ligabue, nella sua canzone *Certe notti*, ci fornisce un esempio di come si possa trasformare, solo aggiungendo due parole, questa credenza limitante che ci portiamo sulle spalle da generazioni: «Chi si accontenta gode... così così».

3) Ci mettiamo sempre in secondo piano rispetto ai bisogni degli altri. Se abbiamo modellato, cioè copiato un nostro genitore molto devoto verso i figli, dedicato a esaudire solo i loro desideri, potremmo aver *dimenticato* che abbiamo il diritto di considerare anche i nostri bisogni, di esprimere le nostre volontà. A volte prendiamo la vita come una missione in cui possiamo solo *dare*, mentre *ricevere* è secondario. Questa sensazione di inadeguatezza nel desiderare, potrebbe essere il risultato di una resistenza: in una parte profonda del subconscio, non sentiamo di meritare o essere degni di una vita migliore.

4) Altri modi per creare resistenza. Affermare «questo metodo su di me non funziona» è un altro modo per opporre resistenza, così come procrastinare le decisioni per il nostro bene («non è il momento», «sono troppo vecchio/giovane», «non ho soldi»), ma anche ammalarsi, provocare danni, perdere oggetti importanti, soldi o ciò che è utile per progredire verso la trasformazione. Se in qualche modo ti hanno trasferito dall'infanzia che «è sempre colpa tua» e che «non sei all'altezza», lo schema, anche in questo caso, potrebbe essere che non sei degno o non lo meriti.

I responsabili della sfortuna siamo noi
«Credo che tutti, inclusa me stessa, siano responsabili al cento per cento della propria esistenza, sia nel bene che nel male. Ogni pensiero che facciamo plasma il nostro futuro. Ciascuno di noi crea le esperienze che si ritrova a vivere con i pensieri e i sentimenti che alimenta dentro di sé... ma rinneghiamo il nostro potere incolpando gli altri per la frustrazione che proviamo. Niente e nessuno ha potere su di noi» (*Louise Hay*, "Puoi guarire la tua vita").

Queste programmazioni del subconscio potrebbero farti creare resistenza al cambiamento, creare degli incidenti nella realtà per impedirti di ottenere ciò che desideri. Resettiamo quindi una volta per tutte le nostre convinzioni sulla sfortuna: siamo noi a creare la realtà. Tutti quegli episodi che spesso etichettiamo come *sfortuna* non sono altro che il frutto di nostri auto-sabotaggi. Se ti critichi, ti accontenti, metti i tuoi bisogni sempre in secondo piano o è sempre colpa tua, quale sarà la tua auto-immagine? Se continui a ripeterti quelle frasi negative, come puoi credere in te, qual è il tuo coefficiente di autostima e di fiducia nelle tue capacità? Se non senti di meritare abbondanza, come puoi aspettarti di riceverla?

A volte fumiamo, mangiamo, beviamo in maniera compulsiva, attiriamo nella vita privata e nel lavoro persone che ci sminuiscono o non ci retribuiscono adeguatamente come se non provassimo amore per noi stessi. Dobbiamo invece imparare ad amarci, che significa accettarci, rispettarci e provare gratitudine per come siamo, indipendentemente da come ci comportiamo, dal nostro carattere e dalle caratteristiche del nostro corpo.

Nel capitolo precedente, abbiamo imparato che possiamo usare la ripetizione per trasformare le convinzioni limitanti in potenzianti e riprogrammare il subconscio. Possiamo utilizzare questo metodo per riequilibrare la nostra immagine interiore ripetendo ad alta voce affermazioni positive e amorevoli.

Napoleon Hill diceva: «È risaputo che si finisce per credere a tutto quello che ci si ripete, a prescindere dal fatto che sia vero o falso». Louise Hay, scrittrice statunitense, sviluppò la tecnica delle affermazioni quotidiane ripetute davanti allo specchio e ne provò personalmente l'efficacia: riuscì a guarire da un tumore anche grazie all'ausilio di questi esercizi e a curare migliaia di persone nel mondo. Il fatto che Louise sia diventata un'esponente di spicco del Pensiero Positivo, dopo aver affrontato un'infanzia di violenze, una separazione e un tumore, può farci comprendere che impatto possa avere questa tecnica.

Più sotto troverai degli esercizi di *fitness mentale*. Una frase potente che ci permette di accogliere ogni lato del nostro carattere e di superare la tendenza all'autocritica è: «Io scelgo di amarmi e di accettarmi così come sono». Se fai diventare questo esercizio una pratica quotidiana, vedrai progressi in te e nelle relazioni della tua vita. Potresti allontanarti da persone che ti maltrattano o vedere un migliore atteggiamento degli altri nei tuoi confronti.

Esercizio 10 – Se ripeto mi trasformo
Step 1: Presta attenzione al tuo dialogo interiore negativo e al modo in cui ti rivolgi a te stesso. Se ascoltassi la tua vocina, cosa direbbe? Scrivi almeno 3 frasi limitanti.
Step 2: Trasformale in frasi potenzianti.
Step 3: Crea affermazioni potenzianti che ti possano supportare nella tua trasformazione (ad esempio, «voglio cambiare la mia vita in meglio», «sono capace», «sono intelligente», «riesco in quello che faccio»).

Step 4: Rilassati, inspira ed espira e ripetile finché senti di pronunciarle con convinzione.

Step 5: Esercitarti ogni giorno per almeno 90 giorni.

Esercizio 11 – Imparo ad amarmi e a ricevere

Ripeti ad alta voce le seguenti affermazioni fino a sentirti a tuo agio. Se ripetendo le affermazioni provi un forte senso di insicurezza e di imbarazzo, o semplicemente non ti suonano, vuol dire che c'è una parte di te ancora vincolata al vecchio schema, che oppone resistenza. Fai diventare questa ripetizione una pratica quotidiana.

- *Scelgo di amarmi ed accettarmi così come sono.*
- *Mi stimo, mi apprezzo, sono perfetto così come sono.*
- *Io mi amo, sono disposto a lasciare il bisogno di opporre resistenza, di non meritare niente.*
- *Io voglio, sono degno e merito il meglio dalla vita.*
- *Sono una persona di valore, sono degno di ricevere ciò che desidero, mi apro ad accettare ogni bene.*
- *Voglio, sono degno, merito di ottenere quello che chiedo.*

Se non avevi creato la tua Ruota della Felicità Futura o il tuo obiettivo, torna indietro. Ora affronterai tutto con più facilità.

Siamo arrivati alla fine di una nuova regola e questo è un buon traguardo per te. C'è un altro premio che ti aspetta nella pagina successiva: altre pillole magiche. Fissa nella mente i nuovi concetti per avanzare nel tuo percorso verso la vita facile. Nel prossimo capitolo imparerai a superare i limiti dell'impossibile. Sei pronto?

PILLOLE PER UNA VITA FACILE – CAPITOLO 2
Cosa mi è piaciuto di più?

- Come calamite attraiamo verso di noi persone ed eventi sulla stessa frequenza
- Bisogna imparare a predisporsi a ricevere e assumere uno stato d'animo di accoglienza
- Pensieri, parole, emozioni devono essere allineati per attrarre ciò che vogliamo
- Sognare è gratis e senza limiti per tutti
- Attrai ed espandi ciò su cui ti concentri

Capitolo 3:
Come credere nell'impossibile

Regola n. 3: credi nel raggiungimento rapido dell'obiettivo come se lo avessi già realizzato.

Se hai saltato a piè pari il capitolo 2 sulla creazione del tuo nuovo obiettivo, ti consiglio di tornare indietro, fare un'analisi della tua vita e metterlo giù. Gli esercizi sull'auto-immagine per aprirti a ricevere sono un completamento del lavoro. Se non riesci a pensare subito a grandi trasformazioni, parti più semplicemente da un piccolo traguardo per creare l'abitudine a migliorare te stesso. I grandi cambiamenti derivano da piccoli passi quotidiani.

Se invece hai già creato il tuo obiettivo di successo, questo momento è cruciale. Sappiamo che fare una lista dei desideri o di buoni propositi a inizio anno non basta. La maggior parte delle persone li abbandona dopo qualche mese.

In questo capitolo ti aiuterò a tirare fuori eventuali dubbi e obiezioni e a confutarli, in modo da evitare di bloccarti a breve. Ti invito a chiederti: c'è qualcosa che mi potrebbe frenare dal raggiungere quella posizione?

Anni fa il mio schema mentale era pieno di dubbi e considerazioni su potenziali complicazioni di processo che poi avvenivano nella realtà, mentre chi vive facile ne segue uno semplicissimo ottenendo quello che desidera con rapidità, facilità e senza interferenze. Insomma crede di poter riuscire in tutto e considera ogni cosa possibile:

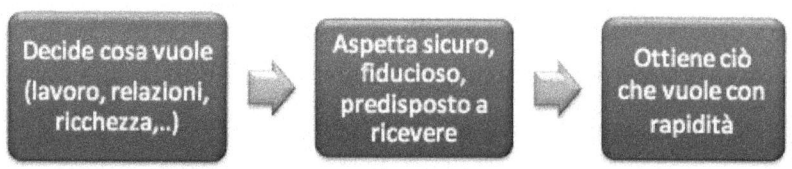

Secondo me, esistono in particolare 2 frasi altamente inquinanti che avvelenano la nostra volontà e ci bloccano completamente, impedendoci di raggiungere i nostri propositi: "non ci riuscirò mai" e "è impossibile".

"Non ci riuscirò mai" implica che non abbiamo sufficienti abilità o risorse personali. "È impossibile" significa che mancano le circostanze. Queste convinzioni sono frutto di auto-sabotaggi del nostro subconscio e occorre lasciarle andare: potrebbero essere collegate alla paura del fallimento e a insicurezze di cui noi non siamo nemmeno consapevoli a livello conscio.

Vediamo allora, in questo capitolo, quali tecniche possiamo imparare per entrare nel pensiero di successo e superare queste due convinzioni tossiche. Prima, però, una domanda: chi ci ha trasferito il timore di fallire?

Quante balle ci hanno raccontato?
«Non permettere mai a nessuno di dirti che non sai fare qualcosa. Neanche a me. Se hai un sogno tu lo devi proteggere. Quando le

persone non sanno fare qualcosa, lo dicono a te che non la sai fare. Se vuoi qualcosa, vai e inseguila, punto» (*Will Smith* nel film "La ricerca della felicità").

L'atteggiamento di Will Smith in una scena del film *La ricerca della felicità* è, in questo senso, emblematico. L'attore veste i panni di un padre deluso dalla vita, che vive in strada con il figlio. Ha perso il lavoro, la moglie e si trova a dover affrontare grosse difficoltà economiche. Quando si rende conto che il piccolo è convinto che da grande intraprenderà la carriera di professionista della pallacanestro, gli comunica che non potrà mai essere un campione, perché lui stesso non lo è diventato. Il padre era abbastanza negato e pensa che il figlio probabilmente possa arrivare al massimo al suo stesso livello, e afferma: «È così che funziona, sai». Fortunatamente il padre, dopo aver visto il piccolo gettare via la palla, ferito e senza speranza, capisce la lezione e cambia completamente registro.

A noi com'è andata? Da bambini eravamo presi dai nostri sogni, fomentati dai film e dai media, volevamo diventare medici, astronauti, scienziati. Cosa o chi ha infranto i nostri sogni? Come dicevo nel capitolo 1, gli adulti ci hanno insegnato secondo i loro criteri come funziona il mondo e cosa è giusto o sbagliato per noi. Per istinto di protezione e per preservarci dalle frustrazioni che loro stessi hanno provato, ci hanno trasferito il timore di non riuscire, di rimanere delusi, di essere giudicati, insomma, la paura del fallimento. Edison diceva di aver provato 10.000 metodi che non avevano funzionato prima di inventare la lampadina. Se si fosse sentito un fallito ogni volta che sbagliava, staremmo ancora usando le candele.

Schema della paura del fallimento

Alcuni genitori, per proteggere i figli, hanno insegnato loro che è importante il posto fisso a un milione e mezzo di lire al mese, basandosi su di una realtà non c'è più. Al suo posto abbiamo un mondo che cambia rapidamente, le professioni si creano e scompaiono alla stessa velocità e il ragazzino si arricchisce con YouTube o con le vendite online, fatturando, in euro, cifre a sei zeri.

Ma che vita hanno condotto i nostri familiari, che episodi hanno alle spalle? Magari sono vissuti durante la guerra. Da chi hanno imparato, dai loro genitori? Che vita hanno condotto i nostri nonni? E i bisnonni? E così via. I miei genitori mi hanno raccontato le loro esperienze di fame durante la guerra, che ora non sono più così comuni alle nostre latitudini. Forse la loro non è più la verità assoluta e alcune credenze e consigli che erano validi per il passato non sono più applicabili.

Siamo diventati adulti con la mente infarcita di episodi apocalittici, di esperienze negative che ci bloccano, che ci mettono in allarme, limitando tutto il nostro ricco potenziale. Il risultato è che continuiamo a vivere portandoci dietro convinzioni di altri, nate dalle loro esperienze, inclusi gli errori e i rovesci di fortuna del ceppo familiare.

Ereditiamo emozioni come paura e rabbia che non ci appartengono, tramandate dall'albero genealogico e, in qualche modo, le perpetuiamo. Ci hanno sempre ripetuto «è così che funziona», mai lasciare la strada vecchia per la nuova», «bisogna accontentarsi», condizionandoci con il loro punto di vista. Anche gli insegnanti e i medici – che ringrazio entrambi per la loro dura missione quotidiana – possono influenzare le nostre scelte. Hanno in mano un grosso potere di cui occorre prendere consapevolezza, perché la scelta di alcune affermazioni e di un certo tipo di linguaggio può influire sulle persone per tutta la vita.

Gli insegnanti, basandosi sulle proprie convinzioni e giudicando con il loro metro soggettivo, possono dirci se siamo portati o no per una materia, se diventeremo scienziati o simili a Paperino. Come gli insegnanti di Albert Einstein, che pensavano avesse qualche *ritardo mentale*, o quelli di Alberto Sordi, che lo espulsero dall'Accademia dei Filodrammatici per via della sua *dizione troppo marcatamente romanesca*, o quelli di Bill Gates, che lo costrinsero a lasciare Harvard per *scarso rendimento*.

I medici, allo stesso modo, possono emettere verdetti tali da influenzare a vita il nostro stato di salute. Ci dicono se potremo tornare a camminare o no dopo un incidente, se sopravvivremo a un tumore, ma stiamo imparando che alcune persone riescono a reagire anche di fronte a prognosi di morte e con una pallottola nel cervello. Come ci hanno insegnato Einstein, Sordi e Gates, la verità è che tutto dipende da noi, dalla nostra volontà. Henry Ford diceva che «il fallimento è solo l'opportunità di ricominciare in maniera più intelligente». Lasciamo andare le scuse, gli schemi che ci portiamo dietro dall'infanzia, sganciamoci dai condizionamenti negativi, riprendiamoci il potere e decidiamo di portare avanti ciò che desideriamo.

Quante balle ci raccontiamo?
«...un giorno terribile per la sua storia, l'animale accettò l'impotenza rassegnandosi al proprio destino. L'elefante enorme e possente che vediamo al circo non scappa perché, poveretto, crede di non poterlo fare. Reca impresso il ricordo dell'impotenza sperimentata subito dopo la nascita. E il brutto è che non è mai più ritornato seriamente su quel ricordo. E non ha mai più messo alla prova la sua forza, mai più...» (*Jorge Bucay*).

Nel libro di Jorge Bucay, *Lascia che ti racconti*, il giovane Demian si chiede perché un elefante del circo, forte e imponente, non sappia liberarsi dalle catene che lo tengono legato a minuscoli paletti nel terreno. Nessuno sa dargli una risposta esauriente. La troverà lui stesso da adulto: l'animale è convinto di non potercela fare perché non è riuscito a liberarsi da quei vincoli da piccolo, quando erano troppo resistenti per lui, ed è ancora convinto di non poterci riuscire.

Ognuno di noi costruisce le proprie motivazioni per cui le cose non accadono, per quello che non fa, sul perché non ha successo. «Non ci riuscirò mai» perché «non sono laureato», «sono troppo vecchio», «sono sfortunato». Queste sono solo balle che ci ripetiamo nel momento in cui abbiamo il timore di cambiare. Piuttosto che lasciare la nostra zona di *comfort*, preferiamo accettare una posizione di infelicità, bloccati nella nostra paura di fallire. È facile rimanere fermi a lamentarci per la nostra sfortuna, incolpare e criticare gli altri invece di decidere di agire.

Chi è genitore, zio, nonno ha due missioni importanti da portare avanti: trasformare se stesso e trasferire i suoi princìpi alle future generazioni. Non ho figli, ma sono zia e ho il dovere di motivare i miei nipoti – Melissa e Riccardo – e di incoraggiarli. Sono io stessa, prima di tutto, a voler cambiare in meglio, perché per loro sono un esempio. Se fornissi loro un modello di persona sconfitta e delusa dalla vita, come crescerebbero?

I bambini e gli adolescenti hanno un disperato bisogno di copiare, di assorbire conoscenza, perché non hanno esperienza, non hanno ancora il know-how della vita. Abbiamo il dovere di fornire loro il miglior modello a disposizione se vogliamo farli crescere sicuri di loro stessi, insegnando loro a crearsi un futuro di *gamma superiore*. Quindi se non vuoi cambiare per te, fallo per loro!

Le migliori strategie per credere di riuscirci
«Dovete credere in qualcosa: il vostro intuito, il destino, la vita, il karma, qualsiasi cosa. Questo tipo di approccio non mi ha mai lasciato a piedi e invece ha sempre fatto la differenza nella mia vita» (*Steve Jobs*, Discorso ai neolaureati di Stanford).

Cosa ci convince che non potremo mai riuscire nell'impresa? Uno degli ostacoli maggiori è non credere nelle nostre capacità. È come

se guidassimo l'auto ogni giorno con il freno a mano tirato: andiamo avanti con lentezza, procediamo a singhiozzo, ci fermiamo. Cosa c'è sotto la frase "non ci riuscirò mai"? Io penso che ci siano 3 fattori che ci influenzano:
- i condizionamenti esterni;
- il nostro critico interiore;
- le nostre convinzioni.

Per ora tralascerò il primo punto perché nel capitolo 6 ci confronteremo sulla scelta delle persone che porterai con te durante il processo di trasformazione. Per superare i fattori 2 e 3 hai già imparato, nei capitoli precedenti, a trasformare il tuo dialogo interiore inappropriato («non ce la farai mai», «non riesci mai a terminare ciò che cominci»*)* in positivo e a riprogrammare la mente ripetendo affermazioni positive. Pensa a cosa si ripete un pugile sul ring: «sono uno sfigato» oppure «sono il più forte e batterò il mio avversario»?

Puoi utilizzare le presupposizioni come un ottimo strumento per cambiare la tua prospettiva e per incentivarti ogni qualvolta avrai bisogno di energia e motivazione. Quando mi sorgevano dei dubbi sulle mie capacità, me le ripetevo per creare nuovi modi di pensare, per superare le mie paure. Puoi farlo anche tu.

Ce ne sono altre 3, potenti, che ti saranno utili per gestire il tuo critico interiore e aprirti a migliaia di tentativi senza sentire il senso di fallimento:
- Ho già dentro di me tutte le risorse per il successo.
- Se qualcuno può farlo, allora posso farlo anch'io.
- Non esistono insuccessi, ma solo lezioni da imparare.

Hai potuto constatare che la mente è uno strumento straordinario e che non hai bisogno di altro per progredire: tu, come ogni altro, conoscendo i meccanismi e utilizzandoli nel modo giusto, puoi raggiungere il risultato desiderato. Cancella dal tuo vocabolario personale le parole sbaglio, errore, fallimento, insuccesso. D'ora in poi, ci sono solo lezioni per migliorarsi.

Di seguito troverai un elenco di 5 strategie per riuscire a mettere a tacere definitivamente la tua vocina interiore. In questo modo puoi evitare che ostacoli il tuo agire quotidiano o saboti i tuoi progetti. Credimi, hai tutte le risorse per zittire il suo rumore fastidioso e trasformare il tuo dialogo interiore in positivo e pieno di motivazione.

5 strategie per mandarla a quel paese:
1. Dirle «stai zitta» o «chiudi il becco», come diceva Bandler.
2. Identificare questa vocina con una persona a cui non dai credito e che quindi non ascolti.
3. Risponderle: «E chi lo dice?».
4. Replicare con una delle presupposizioni della PNL.
5. Smontare le sue false convinzioni con argomentazioni o esempi opposti.

Ecco degli esempi che ti potranno essere utili per comprendere meglio il metodo:

Limitanti	Potenzianti
Non sono nato ricco	Il fondatore di Luxottica, nato in povertà, è il secondo uomo più ricco d'Italia
Sono troppo vecchio/giovane per...	Chi dice che c'è un'età per cominciare qualcosa?
Non ho una laurea	Steve Jobs non era laureato

E ora vediamo come scalzare le vecchie convinzioni e crearne di nuove per raggiungere il tuo obiettivo.

Esercizio 12 – L'Albero delle Credenze
Step 1: Riprendi la Ruota della Felicità Presente e l'obiettivo di successo che hai scelto nel capitolo 2 per fare una nuova verifica.

Step 2: Chiudi gli occhi e inspira ed espira per 3 volte riempiendo la pancia di aria. Immagina di aver raggiunto l'obiettivo e chiediti: è quello che desidero veramente? E, se lo è, c'è qualcosa che mi frena? Ascolta il tuo corpo, le sensazioni che provi e i tuoi pensieri.

Step 3: Mentre fai un bel respiro lungo, apri gli occhi. Se ritieni che non sia più quello l'obiettivo giusto, torna alla Ruota e riformulalo. Disegna sul tuo quadernone due alberi. Scrivi sui rami del primo tutte le tue convinzioni limitanti che potrebbero bloccarti e le sensazioni negative che provi. Nell'altro trasformale in potenzianti e scrivi anche le emozioni positive che proveresti al raggiungimento dell'obiettivo. Abbiamo già detto che i pensieri devono essere sempre allineati alle emozioni. Questo esercizio ti aiuterà a crederci e a motivarti al cambiamento. Ritorneremo su entrambi gli alberi nel prossimo capitolo.

Come vedi, anch'io ho eseguito questo esercizio prima di cominciare a scrivere questo libro. Dopo aver analizzato le mie convinzioni, ho trovato il coraggio di partire con questo nuovo progetto.

Impossibile non esiste

«Corsi attraverso tutto l'Alabama, e non so perché continuai ad andare. Corsi fino all'oceano e, una volta lì, mi dissi: visto che sono arrivato fino a qui, tanto vale girarmi e continuare a correre. Quando arrivai a un altro oceano, mi dissi: visto che sono arrivato fino a qui, tanto vale girarmi di nuovo e continuare a correre...» (*Tom Hanks* nel film *Forrest Gump*).

Si può compiere un'impresa che è ritenuta impossibile? La risposta ovviamente è sì e te ne darò la prova raccontandoti due episodi che sicuramente ti convinceranno: il primo riguarda Roger Bannister e il secondo riguarda me.

Sai chi è Roger Bannister? Il primo uomo al mondo che, nel 1954, riuscì a percorrere la distanza di un miglio in meno di quattro minuti. Prima di quella data, si pensava che l'uomo non potesse fisicamente coprire 1.600 metri in meno di quattro minuti, ed erano state fornite anche prove scientifiche al riguardo: i tendini, i muscoli e la struttura fisica non avrebbero mai permesso a un uomo di scendere sotto quella soglia.

Bannister invece non credeva in questa tesi e sentiva di poterci riuscire. Decise di infischiarsene della comunità scientifica e delle sue convinzioni. Voleva dimostrare l'esatto contrario. L'idea di questa grande sfida gli venne dopo quella che lui percepì come una sconfitta: alle Olimpiadi di Helsinki, del 1952, arrivò quarto anziché primo. Si allenò per mesi e corse il miglio in 3'59"4.

Non solo questo evento fu straordinario e lo portò alla leggenda, ma, 46 giorni dopo, quando quell'obiettivo non era più ritenuto impossibile, incredibilmente un altro corridore migliorò il suo primato, e a seguire lo fecero altri. Roger aveva capacità fisiche eccezionali, ma anche gli altri ne erano in possesso. La sua superiorità però consisteva nell'aver creduto più nelle sue stesse capacità che nelle considerazioni fornite dagli scienziati.

Come secondo esempio, ti racconterò come sono riuscita io a credere nell'impossibile. Alla soglia dei 50 anni, la maggior parte delle persone ha la sensazione di varcare una soglia importante, quella di un'età in cui ci sono cose che non ti puoi più permettere. Tutti te lo ricordano, compresa la ASL che ti manda gli inviti a check-up gratuiti di ogni genere.

Proprio per sfatare queste convinzioni, nel novembre 2016, alcune mie amiche decisero di correre la maratona di New York e io decisi di fare altrettanto. Più che il grande Orlando Pizzolato, maratoneta plurivincitore, mi sono sentita Forrest Gump. Fino a quel momento avevo corso al massimo 5/6 km. Iniziai a correre il 13 febbraio 2016 e decisi di fare le cose in grande, perché non avevo molto tempo: mi iscrissi a un'associazione sportiva di runner, andai dal medico sportivo per il certificato e, nell'attesa che arrivasse il giorno della gara, decisi di iscrivermi alla Maratona di Roma del 10 aprile.

Come potevo correre una maratona se non avevo mai fatto nemmeno una gara di più di 5 km? Decisi comunque di tenere la mente aperta e positiva. Non pensavo di arrivare al traguardo, ma volevo 3 cose:
- vedere quanti km ero in grado di correre;
- *mettermici dentro*, cioè vedere come avrei reagito;
- abituare il mio fisico e la mia mente a correre per 42 chilometri e 195 metri.

Insomma, stavo per affrontare una grande sfida mai gestita prima, in una città straniera come New York, al freddo, e non sapevo quali sarebbero state le mie emozioni, i miei bisogni, come mangiare, bere, andare in bagno. Sul web trovai dei programmi di allenamento per la maratona che suggerivano di arrivare a correre almeno 30 km prima della gara. Il nostro fisico deve capire da dove prendere le risorse, le energie per sopportare quella fatica. Dobbiamo dimostrargli che può farcela.

Io ero gasatissima, ma le persone intorno a me, con esperienza di anni, come il medico sportivo, il responsabile della squadra e persino il negoziante da cui acquistai le scarpe per la corsa, mi guardavano con incredulità e scetticismo. Avevano le loro convinzioni, perché non avevano conosciuto nessuno che avesse pensato di correrla con poco allenamento. Quindi per loro era impossibile. Nonostante le mie spiegazioni, non riuscivano a capire il motivo per cui avevo deciso di affrontare come prima gara, una così complessa come la Maratona di Roma, che non avrei mai potuto di certo portare a termine. Nella squadra mi continuavano a proporre competizioni alternative da 5/10 km e dovetti impormi con decisione per convincerli a iscrivermi.

Arrivai alla gara dopo 15 giorni di influenza e avendo corso al massimo 13 km, ma non mi scoraggiai. A metà gara, che in realtà era l'obiettivo che mi ero prefissata, non mi sentivo troppo stanca così mi dissi, tipo Forrest Gump: «Se ho potuto correre 21 km, ne posso correre altri 21», mettendo in conto che avrei anche potuto camminare. In quel momento non pensavo alle conseguenze. Poi, dopo il km 23, ho cominciato a sentire dolori in ogni parte del corpo, soprattutto alle gambe e, per continuare la gara, ho dovuto mettere in pratica delle tecniche per ingannarlo.

Nominavo la parte del corpo dove provavo più dolore e ripetevo: «La corsa guarisce il dolore al polpaccio» o qualsiasi altra parte dolente. Quel dolore si alleviava e passavo a un'altra parte. E, così dicendo, è come se mi fossi ipnotizzata. Quando mancavano 15 km mi ripetevo: «Se ne ho corsi 27, posso ancora correrne 15». Avevo deciso che devevo varcare il traguardo per prendermi la grandissima medaglia destinata solo a chi terminava la maratona. La volevo come una bambina capricciosa che s'impunta e mi vedevo mentre me la consegnavano. E, siccome ci ho creduto fino in fondo, indovina come andò a finire?

Impossibile non esiste è il nome della pagina di Facebook di Luis Fusaro; facciamoci ispirare da quest'uomo che vive da quarantun anni con una pallottola nel cervello. Nonostante le sue difficoltà fisiche, ci ha creduto, si è allenato e ha tagliato il traguardo della maratona di New York. Che ne dici, vogliamo cominciare a crederci?

I 5 segreti per credere nell'impossibile
«Uno dei difetti più evidenti di molte persone è la frequenza con cui usano la parola impossibile, conoscono tutti i metodi per non far funzionare le cose» (*Napoleon Hill*).

Quali tecniche mentali ci possono spingere a cimentarci in qualcosa di impossibile? La nostra mente non riesce a distinguere se un evento è stato veramente vissuto o se è frutto di un'invenzione. Per superare i problemi, Bandler suggeriva di trovare «soluzioni immaginarie». Napoleon Hill, invece, parlava di «ingannare il subconscio» ripetendo affermazioni più o meno vere: «la fede è uno stato mentale che può essere indotto o creato attraverso la ripetizione di istruzioni al subconscio grazie al principio di autosuggestione». Allo stesso modo, aveva convinto il figlio facendogli credere che la sua sordità fosse vantaggiosa per la sua esistenza. Per rendere più realistico «questo inganno», come diceva lui, «comportatevi come se possedeste già la cosa materiale che vorreste avere».

Quindi, oltre ad affrontare i nostri obiettivi con la predisposizione ad accogliere, e con fiducia, abbiamo la possibilità di suggestionare la mente ripetendo affermazioni che non devono essere per forza vere. Se poi immaginiamo di avere già di avere già raggiunto il nostro traguardo, le renderemo ancora più reale.

Ecco i *5 segreti per credere nell'impossibile*:

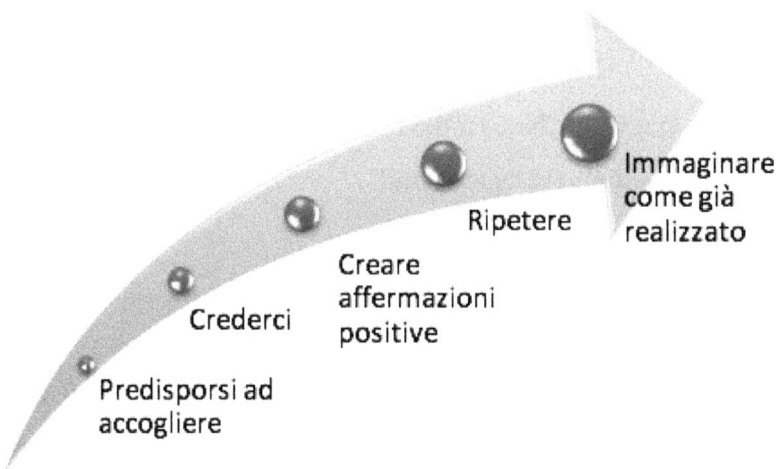

Ritorniamo a come avevo affrontato la maratona e conquistato la mia splendida medaglia:
1. Ero predisposta a ottenere qualsiasi risultato.
2. Avevo creduto nella possibilità di un'impresa che tutti ritenevano impossibile.
3. Avevo ingannato il corpo con delle affermazioni immaginarie (es. «la corsa guarisce il dolore»).
4. Mi ero ripetuta che volevo la medaglia.
5. Mi ero immaginata mentre me la consegnavano.

Se c'è riuscito un panda puoi riuscirci anche tu
«Maestro Shifu: "Ma come, come? Mi serve il vostro aiuto, maestro".
Maestro Oogway: "No. Tu devi solamente credere. Promettimelo Shifu, promettimi che tu crederai!"
Maestro Shifu: "Io ci crederò"».
(tratto dal film *Kung Fu Panda*)

Sono sempre stata affascinata da come i film di animazione possano attrarre un pubblico di bambini e di adulti allo stesso tempo. Il messaggio che trasferiscono è universale e quindi valido per tutte le età. Consiglio di vedere la trilogia di *Kung Fu Panda*, il film di trasformazione che tocca degli argomenti fondamentali della nostra esistenza. Come può il grandissimo maestro Shifu addestrare un semplice panda sfortunato, goffo, grasso, giocherellone, sempre affamato, a diventare tanto abile nel kung fu da sconfiggere l'invincibile Tai Lung? Semplice, il maestro ci deve credere e istruire anche l'allievo a crederci.

Abbiamo imparato, dalla ricerca scientifica del Dr Rein, che un ottimo modo per trasformare il pensiero in realtà consiste nel *metterci l'intenzione e l'emozione.* Puoi imparare il tuo obiettivo a memoria e ripeterlo ad alta voce ogni giorno per programmare il subconscio ad avere fiducia. Tuttavia, quando la sfida è veramente grande, a volte questo meccanismo da solo non è sufficiente per crederci fino in fondo.

Una delle parole che limitano la nostra mente è "come": come farò? Quando fissiamo un obiettivo, sembra che tutti gli ingranaggi si incastrino a pennello, finché la parte razionale del nostro cervello, intervenendo, ostacola i nostri processi. Se ritiene che qualcosa sia impossibile, tira la leva del freno e blocca i meccanismi impedendo loro di girare. Ma, se è così, perché alcuni riescono a superare questa situazione di stallo?

Nel cervello ci sono due emisferi. Quello sinistro elabora in maniera logica le informazioni dei cinque sensi (ciò che percepiamo, udiamo ecc.), segue criteri razionali per creare gli obiettivi e funziona meglio nello stato di veglia Beta. L'emisfero destro è quello dell'intuizione, della creatività, quello che sogna di diventare scrittore e funziona meglio quando siamo in Theta, cioè nel dormiveglia. Quando siamo in Alfa – come rilassati nel letto, prima di dormire – riusciamo a creare una connessione tra i due emisferi.

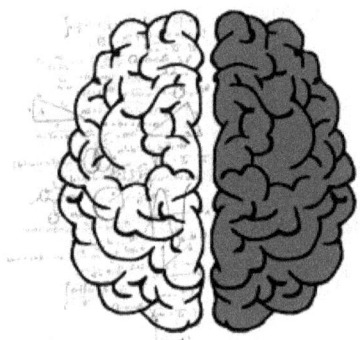

Se ci sentiamo bloccati dalla nostra parte razionale, è fondamentale avere fiducia nel fatto che si possano creare le circostanze giuste per ottenere ciò che desideriamo. A volte è meglio evitare di riflettere sulle dinamiche con cui si potrà realizzare il nostro sogno.

Uno degli elementi che hanno permesso la mia trasformazione è stato l'aver sviluppato la mia dimensione spirituale, che non avevo mai curato e devo ringraziare la mia amica Cristina per avermi accompagnato in questo percorso. Come dice Steve Jobs, non puoi vivere senza credere in qualcosa: sarebbe come porre dei limiti alla tua immaginazione. Appena riesci a incorniciare il tuo progetto in una visione più alta, che riguarda non solo la tua esistenza, ma anche la tua missione sulla Terra, ogni evento comincia ad avere un senso e puoi credere anche di raggiungere l'inarrivabile.

C'è una frase che utilizzo per bypassare quella parte del cervello che cerca di ostacolarmi con le sue spiegazioni razionali: «Anche se non so come». Questa frase ha il potere di lasciare libera di ispirarci la parte intuitiva e creativa. Perciò, sintetizza il tuo obiettivo e segui il prossimo esercizio con attenzione: troverai uno degli acceleratori che ti avevo promesso per realizzare quello che desideri.

L'esercizio mi è stato ispirato dagli insegnamenti del medico e psicologo Roy Martina e del suo metodo Omega Healing, di cui sono coach certificato.

Esercizio 13 – Metto l'intenzione sulla rampa, accendo il *booster* e lancio!
Step 1: Mettiti in un posto tranquillo, chiudi gli occhi, inspira ed espira profondamente tre volte gonfiando la pancia. Mantenendo

gli occhi chiusi, rovescia i bulbi oculari verso l'alto come per guardare una stella nel cielo. Continua a mantenerli in questa posizione fino alla fine dell'esercizio. Facendo così, il cervello passa da uno stato Beta di veglia a uno di rilassamento più profondo, Tetha, in cui siamo connessi alla parte destra del cervello e al subconscio.

Step 2: Ripeti: «Anche se non so come... (sintetizza il tuo obiettivo, per esempio, "diventare uno scrittore di bestseller"), in realtà sono sicuro che è già avvenuto. Elimina, elimina, elimina qualsiasi convinzione, pensiero, emozione e conflitto dentro di me che mi possa bloccare dal realizzare questo obiettivo. Mandami, mandami, mandami tutte le informazioni, convinzioni, pensieri, emozioni, tutte le qualità, abitudini e risorse di cui ho bisogno affinché questa intenzione divenga realtà. È già così, è già così, è già così. Grazie, grazie, grazie».

Step 3: Torna con gli occhi in posizione normale, inspira ed espira profondamente, poi aprili. Stiracchiati alzando le braccia e ripeti con convinzione: «È già così!»

Sei arrivato a metà libro e, come premio, ci sono ancora delle pillole magiche per te. Prendile e poi vola al prossimo. Ti insegnerò un altro *booster* utilizzato dai grandi motivatori, top-manager e sportivi. Sbrigati, gira pagina, ti aspetto di là.

PILLOLE PER UNA VITA FACILE – CAPITOLO 3
Cosa mi è piaciuto di più?

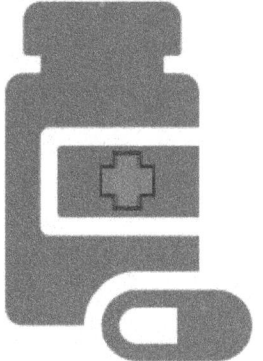

Tu, come ogni altro, hai lezioni da imparare e tutte le risorse per riuscire

Utilizzare i meccanismi della mente in modo corretto è l'unica cosa che ti serve per progredire

Usa l'autosuggestione: ripeti l'obiettivo e immaginalo come già realizzato

La mente non distingue un evento vissuto da uno inventato

"Anche se non so come" spegne la parte razionale del cervello che ti ostacola

Capitolo 4:
Come imparare l'arte della visualizzazione

Regola n. 4: visualizza l'obiettivo, focalizzati, controlla per mantenere una visione chiara del tuo percorso.

Se hai eseguito tutti gli esercizi, vuol dire che hai analizzato la tua situazione, stabilito priorità, scritto il tuo obiettivo di successo, lavorato sulle resistenze al cambiamento e, infine, trasformato le tue convinzioni in un approccio potenziante.

Ti chiederai: non è abbastanza? Noi vogliamo realizzare i nostri sogni con rapidità e facilità. Forse abbiamo ancora qualcosa da imparare.

C'è un ingrediente straordinario che chi vive facile sa utilizzare al meglio: la visualizzazione potenziante. Questo è il capitolo in cui imparerai a utilizzare al meglio questa arte a tuo vantaggio, per realizzare ciò che desideri. È uno strumento fondamentale per il successo, perché ci permette di entrare in contatto con il subconscio, semplificare i processi e vivere facile.

Apprenderai inoltre un metodo per riuscire a portare avanti i tuoi obiettivi fino in fondo senza cedimenti di percorso. Perché è così importante mettersi collegarsi con il proprio subconscio?

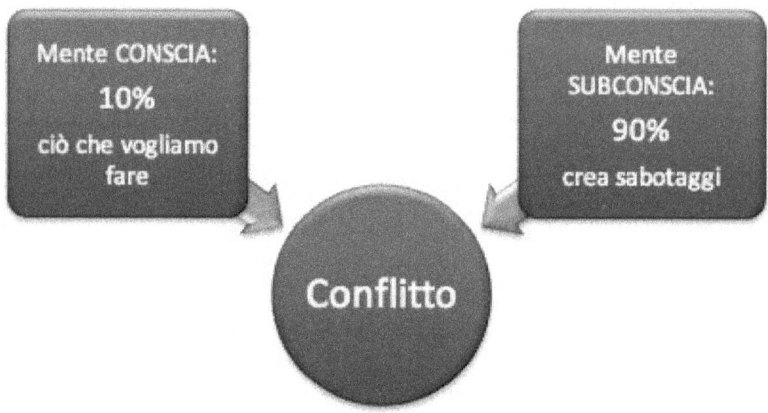

La nostra vita è decisa da un *baby boss*
Abbiamo parlato spesso di auto-sabotaggi, ora vediamo di capire meglio questo meccanismo e perché avviene.

Freud ha paragonato la mente a un iceberg: la punta che emerge dall'acqua è quella conscia (il 10%), la parte sommersa (il restante 90%) è quella subconscia, molto più ampia e per questo la più potente. Immaginate quest'ultima come una biblioteca di dimensioni spropositate, come quella de *Il nome della rosa.*

Nel subconscio sono custodite informazioni provenienti dalle nostre esperienze ed emozioni del passato, la nostra auto-immagine e schemi che condizionano i pensieri e la nostra realtà.

La mente conscia è quella che possiamo controllare e che usiamo quotidianamente per decidere ciò che vogliamo. Tuttavia, se quello che desideriamo è contro la programmazione del subconscio, non riusciremo mai a portarlo avanti. Infatti, la mente subconscia vede il cambiamento come una minaccia e può bloccare le nostre migliori intenzioni. Immagina il subconscio come un *capo bambino* di sette anni che interpreta la realtà *a modo suo*. Tutti gli incidenti di percorso, le complicazioni che hai incontrato sono sabotaggi che crea per seguire il suo istinto di sopravvivenza.

Per proteggerci, cerca di mantenerci in abitudini che garantiscono la nostra sicurezza. Nel subconscio troviamo credenze limitanti legate all'auto-immagine in base alla quale creiamo profezie che si autoavverano. Quindi se fissiamo gli obiettivi con la mente conscia e non creiamo un ponte con quella subconscia, non otterremo molto. Ecco di seguito le sue caratteristiche:

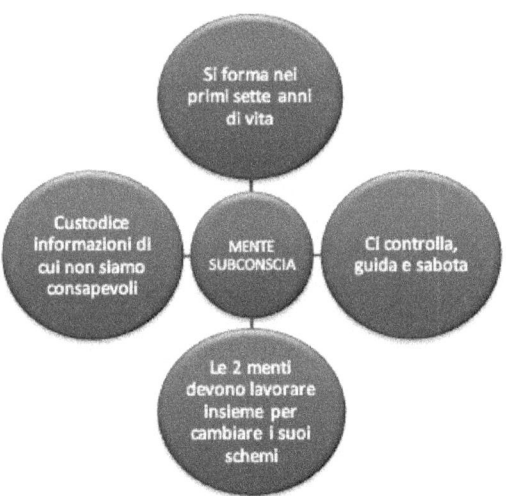

Le due menti devono essere allineate per realizzare un fine comune. La visualizzazione è un ottimo modo per realizzare questo incontro, per fornire al subconscio nuove modalità di percepire la realtà. È uno degli strumenti con cui si può accedere alla *sala dei*

comandi per riprogrammarla. Possiamo così evitare i suoi sabotaggi e raggiungere le nostre mete con facilità e velocità.

Di qui l'importanza di utilizzare delle tecniche che ci permettano di entrare in contatto e collaborare con il subconscio, imprimervi le nostre volontà invece di contrastarlo. Abbiamo detto che servono entrambe le menti per riprogrammare le nostre convinzioni quindi è bene non sottovalutare anche il potere della mente conscia. Se non crediamo fino in fondo nel metodo, il nostro atteggiamento scettico («tanto su di me non funziona») sarà in grado di bloccare tutto il processo.

Alcuni dicono di non essere in grado di visualizzare mentre, in realtà, è una tecnica che utilizziamo tutti nella nostra vita quotidiana, senza rendercene conto.

Siamo tutti registi hollywoodiani
«La maggior parte dei problemi sono generati dalla nostra immaginazione e sono, per l'appunto immaginari, tutto ciò che abbiamo bisogno sono soluzioni immaginarie» (*Richard Bandler, Vivi la vita che desideri con la PNL*).

Nel capitolo precedente abbiamo parlato della paura di fallire e da dove deriva ma, in realtà, cosa ci impaurisce in anticipo se ancora non si è verificato nessun evento? Bandler scriveva che quello che ci fa paura non è l'oggetto, o l'azione, in sé, ma sono gli eventi terribili, apocalittici, creati dalla mente. Sono quindi i pensieri e i filmati che creiamo a farci paura e a bloccarci. Diventiamo degli ottimi persuasori di noi stessi quando dobbiamo convincerci di problemi inesistenti originati da film inventati: malanni, fallimenti, incidenti prima ancora che le cose siano accadute nella realtà.

Immaginare sventure, quando siamo in ansia o proviamo preoccupazione e paura per qualcosa, non fa altro che elevare all'ennesima potenza le emozioni negative invece di placarle. Al contrario, come profezie autoavveranti, le immagini catastrofiche che creiamo attraggono altre situazioni negative.
Questo meccanismo è collegato all'amigdala, che è una parte del sistema limbico del cervello che gestisce le emozioni e, in particolare, la paura.

Quando l'amigdala associa uno stimolo a una minaccia, attiva dei processi per metterci in allarme su eventuali pericoli inviando segnali di emergenza al cervello e stimolando ormoni (adrenalina e noradrenalina) che innescano la reazione di *combattimento* o di *fuga*. Quando si attiva per un meccanismo di rischio immaginato, è frutto di un'errata interpretazione e ci mette in guardia e ci frena, limitandoci nell'azione senza che ci sia un reale motivo.

Le persone che hanno una vita costellata di difficoltà sono grandissimi registi hollywoodiani di film catastrofici. Se anche tu sei solito avere questa abitudine e riesci a creare una realtà piena di complicazioni, sarai allo stesso modo capace di insegnare alla tua mente a produrre visualizzazioni felici.

Se crei spesso episodi depotenzianti con la mente, sarai anche in grado di fornirle immagini potenzianti.

La maga potente e la scopa aiutante
«Noi tutti possediamo un potere maggiore di quanto siamo consapevoli e la visualizzazione è il nostro potere più grande poiché ci permette di osservare le cose da altre angolazioni» (*Genevieve Behrend*, "Il potere invisibile della visualizzazione").

Genevieve Behrend, scrittrice ed esponente del New Thought francese, nel suo libro *Il potere invisibile della visualizzazione*, spiega come questa ci permetta non solo di mettere in contatto le due menti per realizzare i nostri desideri, ma anche di accedere all'immenso potenziale della mente subconscia.

Pensa alla visualizzazione come ad una maga dai poteri prodigiosi e all'immaginazione come la sua scopa magica, uno strumento strabiliante che la può portare ovunque. Sia la possibilità di visualizzare sia l'immaginazione sono risorse straordinarie, a disposizione di tutti: le abbiamo fin dalla nascita, sono semplici da utilizzare e nessuno ce le può sottrarre. Ricorda, abbiamo dentro di noi tutte le risorse di cui utilizziamo solo il 5% delle potenzialità e questi sono strumenti eccezionali per superare qualsiasi difficoltà.

Se la mente non riesce a distinguere un evento vissuto da quello frutto di un'invenzione, possiamo usare l'immaginazione per:
- superare dei momenti di *empasse* che inevitabilmente incrociamo nella vita reale;
- trasformare emozioni negative come paure, ansie, preoccupazioni e insicurezze;

- creare la realtà che desideriamo.

Einstein, Bandler e Covey erano tutti consapevoli del potere dell'immaginazione. Il primo scriveva: «La logica ti può portare da A a Z, l'immaginazione ti può portare ovunque». Bandler insegna numerose tecniche, alla base della PNL, per trasformare con l'immaginazione i nostri filmati depotenzianti e crearne di potenzianti.

Stephen Covey, per dimostrare quanto sia sorprendente la forza dell'immaginazione, racconta, nel suo libro, la storia di Victor Frankl, uno psichiatra ebreo prigioniero in un campo di sterminio. Frankl usava il potere dell'immaginazione da solo, nella sua cella, per proiettarsi in un'altra realtà: si immaginava dopo la liberazione mentre insegnava ai suoi studenti proprio la lezione che aveva imparato da quell'esperienza.

Questo espediente gli permise di sopravvivere a tutte le atrocità a cui dovette assistere. Frankl aveva potuto «decidere in autonomia, in quale misura quanto stava avvenendo avrebbe potuto influire su di lui. Fra quanto gli succedeva (lo stimolo) e la sua reazione, c'era la sua libertà, la sua libertà di scegliere la risposta».

Se siamo intrappolati in gravissime difficoltà, abbiamo ancora la *libertà di scegliere* cosa pensare: per calmare la mente, possiamo spostare l'attenzione dal momento angoscioso, fornendo al subconscio visioni diverse da quelle drammatiche che stiamo vivendo. Possiamo immergerci in una realtà migliore, quella che puntiamo a raggiungere, evitando così di creare film mentali devastanti. Visto che siamo creatori della materia, dovremmo in questo modo essere in grado di trasformare in meglio anche il nostro futuro, proprio come fece Frankl.

Se abbiamo avuto un incidente, un problema di salute o subìto un furto, dobbiamo più che mai entrare in una modalità di pensiero positivo per evitare che si innceschino ulteriori difficoltà di percorso come la *reazione a catena delle negatività*. Uno dei segreti consiste nel mantenere la mente sul *qui* e *ora*, focalizzata sul momento che stiamo vivendo, senza permetterle di vagare e immaginare sviluppi negativi successivi a quell'evento.

Lo scorso maggio mi sono rotta la rotula del ginocchio correndo. Dovendo rimanere immobilizzata, di primo acchito l'atteggiamento è stato di ansia e preoccupazione. Chi mi aiuterà? Come gestirò il mio lavoro? Invece di far partire il proiettore mentale di filmati sulle difficoltà che avrei incontrato, ho scelto di assumere un atteggiamento fiducioso: era inutile crearsi ansie, avrei potuto risolvere la situazione giorno per giorno e di certo, in qualche modo, avrei ricevuto l'aiuto di cui avevo bisogno. E così è stato. Oltre che dalle persone care, ho ricevuto aiuto dai vicini di casa e dal mio fisioterapista Alessio che ancora ringrazio.

Ho vissuto quel momento con serenità considerandolo un'opportunità di riposo dal lavoro di cui effettivamente avevo bisogno e di ricevere un po' di coccole. Visto che non si può tornare indietro, preoccuparsi non risolve l'incidente già avvenuto. Calma e serenità ci permettono invece di porre dei giusti rimedi e di rimetterci sulle frequenze giuste della positività dove tutto scorre facile.

Con la tecnica della visualizzazione puoi scegliere di creare una visione in cui affronti le tue paure, superi con successo gli ostacoli che ti sembrano insormontabili e provi sensazioni di felicità e soddisfazione.

Per esempio, se prima di un colloquio di lavoro, provi ansia e pensi che non darai il meglio, visualizzati nei dettagli mentre rispondi prontamente alle domande e immagina la scena nella quale ti comunicano che ti assumeranno alle condizioni che tu desideri.

Puoi potenziare la visualizzazione ripetendo delle affermazioni che rispecchiano ciò che vuoi comunicare direttamente al subconscio: «voglio, mi merito, sono degno di essere assunto per questo lavoro». In questo modo stai guidando la tua mente, in particolare la mente subconscia, a seguire schemi diversi, a percorrere binari alternativi dai soliti: quelli del successo invece del fallimento.

Come abbiamo visto per i pensieri e per il linguaggio, all'inizio può essere più difficoltoso. C'è bisogno di fare esercizi di fitness mentale per creare nuove abitudini, nuove sinapsi che ci portino a immagini future di successo con il pilota automatico.

Con la visualizzazione, oltre a *nutrire* il subconscio con visioni della realtà che desideriamo come se fosse già avvenuta, è fondamentale calarci in quelle emozioni che proveremmo al raggiungimento dell'obiettivo. Queste potenziano la nostra intenzione di realizzarlo e lo rendono ancora più credibile per il subconscio, molto sensibile agli stati emozionali.

Esercizio 14 – Inserisco il CD e riprogrammo la mente
A proposito di film, se hai visto il primo episodio di Matrix, ti ricorderai il momento in cui inseriscono nella mente dei protagonisti il programma per guidare l'elicottero. Ora farai qualcosa di simile. Userai l'arte della visualizzazione per riprogrammare il subconscio con un nuovo schema: abbandonare convinzioni e sentimenti del tuo Albero delle Credenze Limitanti e

nutrire la mente con quelle potenzianti dell'altro albero per raggiungere facilmente il tuo obiettivo. Ricorda che la mente non è in grado di distinguere ciò che è immaginato da quello che è stato vissuto veramente.

Per fare l'esercizio al meglio, potresti avere bisogno di una persona che ti guidi, oppure semplicemente di registrare il testo che segue e ascoltarlo successivamente. Sto preparando una registrazione audio di alcuni esercizi, ti consiglio di rimanere aggiornato seguendomi sulla pagina Facebook @MentalCoachStefania, dove avrai la possibilità di metterti in contatto con me anche nel caso di domande o dubbi.

Step 1: Mettiti seduto in un posto tranquillo e chiudi gli occhi. Inspira ed espira per 3 volte, mentre lasci che tutte le tensioni abbandonino il tuo corpo.

Step 2: Immagina che sulla fronte ci sia un bottone che premerai per estrarre un CD contenente le convinzioni limitanti e le emozioni negative che hai disegnato nell'Albero delle Credenze Limitanti. Immagina di tirare fuori quel disco dalla tua testa e di gettarlo nel fuoco. Mentre osservi il disco sciogliersi nelle fiamme e immagini il calore e l'odore della plastica, ripeti due volte: «Sono disposto a lasciare andare le vecchie convinzioni ed emozioni, sono in pace e sono al sicuro».

Step 3: Adesso riprendi ciò che hai scritto sull'Albero delle Credenze Potenzianti e immagina di registrare le nuove convinzioni su un CD e di inserirlo, nella fronte, nella stessa fessura da dove hai tolto l'altro. Mentre cominci a percepire come le nuove convinzioni ed emozioni ti creino un senso di sicurezza, fiducia e benessere, ripeti: «Sono disposto ad accogliere le nuove convinzioni potenzianti per raggiungere il mio obiettivo di...» (formula il tuo obiettivo in maniera sintetica). Lasciati avvolgere come in un vortice dalle sensazioni positive che ti suscita il raggiungimento di questo obiettivo, dalla testa fino alla punta dei piedi. Senti come queste sensazioni vengono assorbite dal tuo corpo a livello delle cellule, fino al DNA. Metti la mano sinistra sul cuore e la destra sopra alla sinistra. Rimani in questa sensazione piacevole.

Step 4: Prima di riaprire gli occhi inspira ed espira e poi esclama: «Sì!»

Step 5: Se lo desideri, dopo aver aperto gli occhi puoi compiere il rito di bruciare il foglio su cui avevi disegnato l'Albero delle Credenze Limitanti. In questo modo potrai fornire alla mente una prova tangibile che quelle convinzioni sono state eliminate.

Segui i segreti dei campioni dello sport
«L'immaginazione è tutto. È l'anteprima delle attrazioni che la vita ci riserva» (*Albert Einstein*).

Visualizzare il raggiungimento dell'obiettivo è un ottimo esercizio per entrare in relazione con la mente subconscia e darle indicazioni che cercherà di seguire. La mente è come un PC: devi solo prendere padronanza dei meccanismi di funzionamento e dare i comandi corretti per ottenere tutte le risposte. L'esercizio di visualizzazione è un vero e proprio acceleratore, un *booster* ampiamente utilizzato dagli sportivi, nelle sessioni di coaching e di meditazione.

Sicuramente avrai notato quando un calciatore, prima di tirare un rigore – o un tennista, o un golfista, prima di lanciare la palla – si prenda del tempo per concentrarsi. È proprio in quel momento che l'atleta immagina di mettere a segno il colpo di successo. Uno dei più grandi golfisti al mondo, Jack Nicklaus diceva: «Non tiro mai un colpo senza averlo prima ben visualizzato in mente. Prima di tutto vedo dove voglio mandare la palla. Poi vedo la palla che ci va, la sua traiettoria e il suo atterraggio. L'immagine successiva sono io che prendo lo slancio che trasformerà le immagini precedenti in realtà».

Nel coaching, la visualizzazione si utilizza per acquisire atteggiamenti potenzianti, per essere in grado di affrontare sfide ma anche per lasciar andare episodi dolorosi del passato e per superare fobie e paure. Nella meditazione e nel rilassamento profondo, la visualizzazione serve per aiutare a raggiungere il benessere fisico, mentale ed emozionale.

Hai mai desiderato, da bambino, di avere una sfera di cristallo per vedere il futuro? Non possedendo questo strumento magico, ti insegnerò una tecnica semplice che ti permetterà di immaginare di avere già raggiunto la tua meta e analizzare il processo a ritroso fino al presente. In poche parole, quello che Stephen Covey considerava la seconda regola per avere successo: «Comincia pensando alla fine».

Il prossimo esercizio è veramente straordinario perché avrai l'opportunità di:
- Fare chiarezza.
- Fornire alla tua mente un'immagine più veritiera possibile, esplorando ogni dettaglio con dovizia di particolari, come una scena reale, arricchendola di elementi multisensoriali. Questo perché ognuno di noi può avere un senso più sviluppato di un altro, un diverso sistema rappresentazionale della realtà (più visivo, auditivo o cinestesico).
- Identificare la strada, le tappe, le azioni da intraprendere, le persone da contattare per raggiungere il tuo sogno.
- Stabilire la tua personale tempistica d'azione per il raggiungimento di ogni tappa in base alla visualizzazione.
- Fare un *controllo ecologico* sugli effetti che può avere quell'obiettivo su di te e sulle persone che ti circondano, cercando di percepire le emozioni in quella situazione.

Lasciamoci ispirare da un altro film: ti ricordi *Ritorno al futuro*? Vieni con me, ti farò viaggiare nel tempo partendo dal set di quella pellicola.

Esercizio 15 – Ritorno dal futuro
Chiudi gli occhi, inspira ed espira lentamente e profondamente per 3 volte e immagina di sederti all'interno della *macchina del tempo* di Doc e Marty. Ripeti l'obiettivo formulato in positivo ad alta voce. Imposta la data in cui avrai realizzato il tuo obiettivo, così come avevano fatto i protagonisti nel famoso film.

Ora immagina di viaggiare nel tempo e raggiungere quella data. Apri lo sportello e sei lì. Segui i 5 step che troverai più sotto. Puoi fare l'esercizio a occhi chiusi o aperti. Alla fine dell'esercizio, su un foglio, crea un piano di tutto l'insieme del percorso, stabilendo le tappe. Questo è il momento di credere nelle tue intuizioni e sensazioni. Annota tutte le difficoltà e gli stati d'animo limitanti, ci lavoreremo nel prossimo capitolo.

Per fare l'esercizio al meglio, potresti avere bisogno di una persona che ti guidi. Anche per questo esercizio sarà disponibile la versione audio. Continua a seguirmi sulla mia pagina Facebook @MentalCoachStefania.

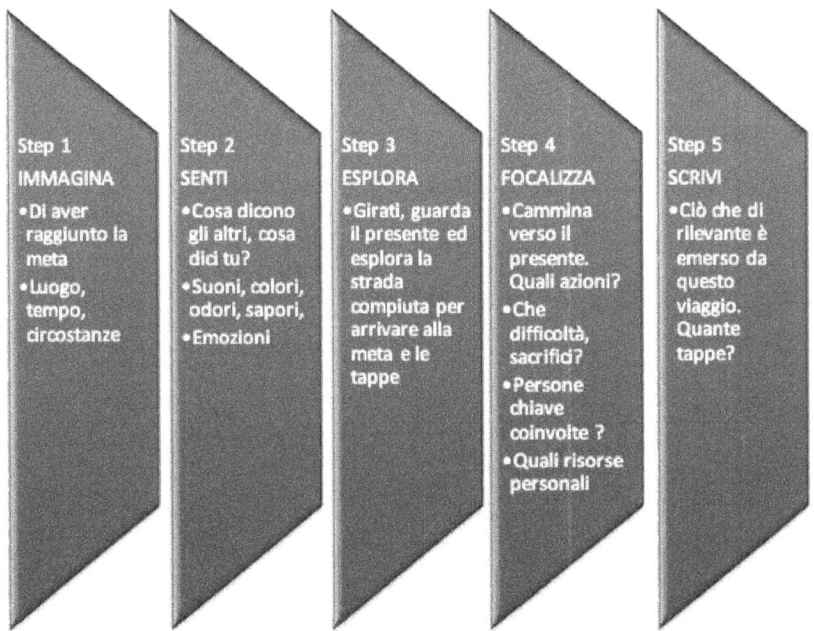

Il metodo dei 6 pilastri per realizzare quello che desideri
«La mente umana può realizzare tutto quanto può concepire e credere». (*Napoleon Hill*).

Abbiamo lavorato su come eliminare i sabotaggi del subconscio e imparato strumenti che ci possono aiutare a realizzare i nostri sogni. Ora ci occorre una metodica valida e strutturata che ci accompagni passo dopo passo verso la meta.

Oltre alla chiarezza di intenti, abbiamo bisogno di focalizzazione e costanza. Per essere focalizzati è bene imparare a suddividere i nostri obiettivi in micro-tappe ed effettuare un lavoro di costante verifica e controllo nel tempo. Talvolta, presi dall'entusiasmo, vogliamo fare troppe cose insieme e vedere i risultati subito. Elaboriamo un programma con un elevato numero di azioni e scadenze ravvicinate che incrementano il nostro stress e ci conducono ad abbandonare velocemente le nostre migliori intenzioni.

Sotto troverai il *Metodo dei 6 pilastri* per portare a termine con successo gli obiettivi.

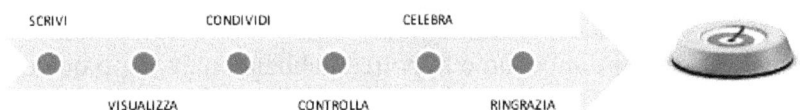

Scrivi

Nei capitoli precedenti hai già scritto su un foglio il tuo obiettivo. Posizionalo in un luogo sempre ben visibile. Dopo la visualizzazione dovresti aver messo su carta un piano completo con tappe e strategie per focalizzarti meglio su ciò che vuoi realizzare. Ti consiglio di prendere sempre nota dei tuoi progetti.

Visualizza

Abbiamo parlato di immaginare i desideri come se si fossero già realizzati. Quindi è importante che ti visualizzi nel momento in cui hai già raggiunto il tuo obiettivo per analizzare in dettaglio il modo in cui ci sei arrivato e le emozioni che stai provando. Se ancora non hai fatto l'esercizio di visualizzazione del paragrafo precedente, ti consiglio di tornare indietro per farlo.

Condividi

Se non condividi con nessuno il tuo obiettivo, è come se non prendessi nessun impegno e lo potresti abbandonare dopo qualche settimana. Se ne parli, è come se ti assumessi la responsabilità e comunicassi al subconscio la tua intenzione. Trovare la persona giusta che ti possa sostenere e sia pronta a festeggiare i piccoli successi di ogni tappa può essere un elemento in più per raggiungere il risultato.

Anche creare o entrare a far parte di un *gruppo dei pari* che condivide intenti comuni è di grosso aiuto. Scambiarsi le proprie esperienze ti può arricchire e velocizzare i processi imparando lezioni dagli errori altrui. Mentre correvo la mia maratona, ebbi un calo di forze al km 23 e avevo bisogno di un po' di energie. Ero arrivata a un punto del percorso isolato, lontano dal centro e la tifoseria si era diradata. Avevo talmente sottovalutato quella gara, che i miei amici non sapevano nemmeno che la stessi correndo. Così decisi di mettere un post su Facebook richiedendo un po' di incoraggiamento e tifo virtuale. Così dicendo, avevo preso l'impegno pubblicamente. Cominciarono ad arrivare, su Facebook e WhatsApp, messaggi che mi spinsero a superare quel momento di insicurezza e ad andare avanti.

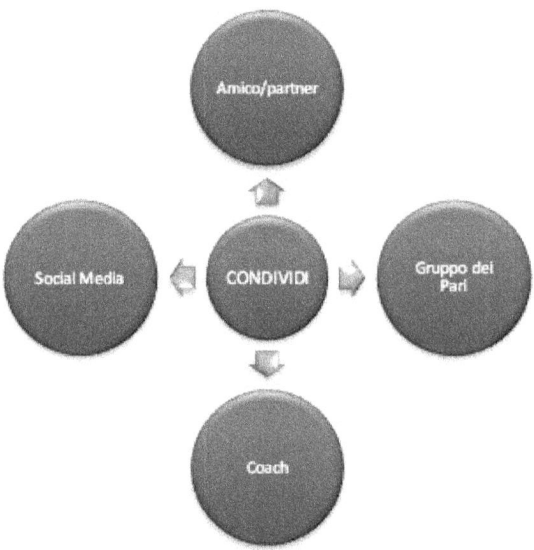

Se non trovi una persona di fiducia, o hai scelto un obiettivo molto impegnativo, potresti considerare la possibilità di assumere un coach: un allenatore imparziale che ti possa guidare nel chiarire gli obiettivi, nel superare gli ostacoli, nello svolgimento di esercizi di visualizzazione per ottenere il risultato finale.

Prendere una figura professionale con cui confrontarsi, e l'impegno economico che questo implica, ti spingerà a dedicarti con maggiore impegno alla tua sfida. L'attività di coaching è divenuta molto popolare negli ultimi anni. Anch'io mi avvalgo già da tempo dell'aiuto di due professioniste diverse, Luciana e Paola, con cui mi confronto a mesi alterni per il mio miglioramento personale. Analizzando gli enormi vantaggi che ho ottenuto, considero l'investimento per un coach un ottimo strumento di crescita per me stessa, al pari di un corso di formazione.

Controlla

La figura del coach è importante anche nel momento di verifica dei successi delle tappe intermedie che hai fissato in precedenza. Sono sulla strada giusta? Ho raggiunto ciò che mi ero proposto? Qual è la mia percezione? Quali sono le mie emozioni? Potresti decidere di far diventare il giorno della verifica una sorta di rito: che ne dici di darti come scadenza il giorno della Luna piena?

Celebra

A proposito di riti, ce ne sono alcuni che continuiamo a celebrare, come il battesimo, la comunione, il matrimonio e altri di cui abbiamo perso l'abitudine. Non festeggiare significa fornire al nostro subconscio la percezione che l'evento rientri nella normalità. In realtà, ogni rito è un'azione che aumenta l'intensità delle emozioni e amplifica il messaggio per la nostra mente. Celebrare i successi professionali e personali significa ingrandirli e assorbire ottimismo e positività. Diventando adulti, spesso omettiamo di festeggiare il nostro compleanno, perché ci ricorda l'età che avanza, invece dovremmo celebrare la vita! E questo si aggancia al passo successivo.

Ringrazia
È una buona pratica la mattina appena svegli ringraziare di poter vedere un nuovo giorno e la sera salutarlo. La gratitudine porta con sé sentimenti positivi: è un gesto che ci trasferisce la sensazione di aver ricevuto, aumenta la nostra sensazione di benessere. Ci permette di focalizzare l'attenzione su ogni dettaglio evitando che sia data per scontata qualsiasi cosa che riceviamo o possediamo nella vita.

Da anni ho preso l'abitudine di ringraziare, anche quando accade un episodio spiacevole, ma poteva andare peggio. Ringrazio per ogni piccolo o grande evento che mi rende felice: un favore inaspettato, il sorriso felice dei miei nipoti quando mi vedono, il mio cane che mi coccola al mio rientro, i messaggi affettuosi degli amici oppure il fatto che mi posso permettere dei viaggi dall'altra parte del mondo che non sono alla portata di tutti.

Ora segui tutti i passi del *Metodo dei 6 pilastri* perché è un valido supporto per portare a termine il tuo obiettivo di successo.

Preparati. Il prossimo capitolo sarà dedicato all'ultima regola. Oramai sei quasi al traguardo. Ti svelerò i segreti per il tuo benessere e ti parlerò di un argomento particolarmente "caldo": le emozioni.
Non dimenticare il tuo premio: le pillole magiche per vivere facile.

PILLOLE PER UNA VITA FACILE – CAPITOLO 4

Cosa mi è piaciuto di più?

- Visualizzando accedi all'immenso potenziale della mente subconscia
- Mente conscia e subconscia devono essere allineate per raggiungere un fine comune
- Abbiamo la possibilità di scegliere la reazione nei confronti di persone o eventi
- Con la visualizzazione entriamo in relazione con il subconscio per fornirgli le nostre linee guida
- Scrivi l'obiettivo, visualizza, condividi, controlla, celebra, ringrazia

Capitolo 5:
Come entrare in frequenze emotive giuste

Regola n. 5: vivi in uno stato di benessere, pace interiore, grazia e felicità

Complimenti, sei arrivato all'ultima regola, quasi alla fine del percorso di trasformazione. Per 4 capitoli abbiamo parlato della mente e dei suoi meccanismi, in questo daremo spazio anche alle emozioni e alla loro influenza sul corpo. Hai fissato il tuo obiettivo, lavorato sulle resistenze per predisporti ad accogliere, messo alla prova le tue convinzioni profonde. Ora ti focalizzerai sull'ottenere uno stato emozionale che si adatti alla nuova persona che vuoi diventare.

Per posizionarsi automaticamente su frequenze vibrazionali alte, dove tutto scorre con facilità, bisogna diventare una persona serena ed equilibrata. Abbiamo quindi bisogno di: raggiungere una centratura emozionale, pace interiore e calmare la mente per mantenere un livello di chiarezza. A volte, di fronte a un obiettivo, siamo sopraffatti da emozioni limitanti. Altre volte non riusciamo a esprimere il nostro potenziale, a riordinare i pensieri, perché siamo bloccati dagli alti livelli di stress generati dalla routine quotidiana.

Quasi tutti i giorni siamo messi alla prova: complicazioni sul lavoro, difficoltà nel ménage familiare, la frustrazione di non avere abbastanza tempo da dedicare a noi stessi. Tutto ciò causa stress e tensione alla continua ricerca di un equilibrio nella vita.

Lo psichiatra americano Dr. D.G. Amen, docente di psichiatria e comportamento umano alla California University, membro onorario della American Psychiatric Association, ha condotto uno studio sul funzionamento del cervello umano con la SPECT (tomografia computerizzata a emissione di fotone singolo) su migliaia di pazienti. La SPECT, utilizzata nella medicina nucleare, consiste nell'analisi del flusso sanguigno e degli schemi neurali. Lo psichiatra ha scoperto che, se miglioriamo le funzioni cerebrali, riceviamo dei benefici a livello emotivo e fisico e maggiore efficienza mentale per raggiungere il successo.

«Quando il cervello lavora nel modo giusto, tu stai bene, ma quando il cervello è turbato, risulta molto più probabile che tu possa andare incontro a delle difficoltà. Una mente sana porta con sé maggior benessere, forma fisica, felicità, equilibrio, decisioni giuste, successo, longevità; ma, al contrario, se il cervello non è sano per qualsivoglia motivo (un trauma cranico piuttosto che uno shock emotivo legato al passato) si è più tristi, deboli, malati, dotati di scarsa capacità di giudizio e meno brillanti».

Uno dei consigli che il Dr. Amen ci fornisce per potenziare il cervello è la meditazione, che serve a incrementare il flusso sanguigno nella corteccia prefrontale, la parte del cervello più predisposta al pensiero. In questo capitolo ti fornirò tecniche per *ripulire* il tuo obiettivo da emozioni depotenzianti, gestire ed eliminare le emozioni tossiche e abbandonare i circoli viziosi che riportano all'insicurezza e alla sfiducia.

Inoltre ti insegnerò:
- una modalità di rilassamento profondo per uscire da stress e ansia in 10/15 minuti e riprendere con rapidità le energie;
- a calmare la mente per acquisire uno stato di lucidità;

- a entrare in contatto con il subconscio per condividere i tuoi obiettivi ed evitare, così, i suoi sabotaggi.

Emozioni limitanti ed emozioni potenzianti

«Abbiamo sempre tutte le risorse, ma talvolta occorre una scintilla che le accenda dentro di noi» (*Stefania Ippoliti*).

Esiste un legame tra mente e corpo? Chiudi gli occhi e pensa a un episodio di profondo dolore: cosa fa il tuo corpo? Potresti avere pianto, sentito un peso sullo stomaco o serrato con forza le mandibole. Pensieri ed emozioni influenzano fortemente il nostro corpo e il nostro sistema immunitario.

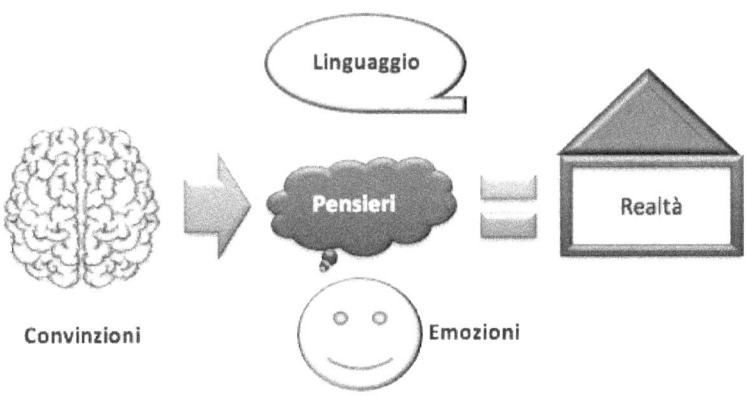

Mentre eseguivi l'esercizio di visualizzazione del tuo obiettivo nel capitolo precedente, potresti aver percepito forti sensazioni depotenzianti come insicurezza, paura, ansia. Ritorniamo allo schema del secondo capitolo: pensieri, intenzioni ed emozioni devono essere allineati, quindi dobbiamo liberarci da questo tipo di sensazioni per essere in grado di manifestare i nostri obiettivi nella realtà.

A breve, faremo insieme un esercizio per lasciare andare le emozioni che ti frenano e potenziare quelle che ti serviranno a gestire questa situazione al meglio delle tue capacità. Ti fornisco di seguito una lista di quelle più comuni, con il loro opposto. Ora rifletti sulle 3 potenzianti di cui hai bisogno per affrontare questa sfida. Nel caso tu abbia provato solo emozioni positive, userai l'esercizio per potenziarle e salterai lo step 3.

Limitanti	Potenzianti
☐ *Insicurezza*	☐ *Sicurezza*
☐ *Preoccupazione/sfiducia*	☐ *Spensieratezza/sfiducia*
☐ *Paura*	☐ *Coraggio*
☐ *Rabbia*	☐ *Perdono*
☐ *Sentirsi indegno*	☐ *Sentirsi di valore*
☐ *Stress*	☐ *Facilità/serenità*
☐ *Dolore*	☐ *Perdono/Lasciar andare*
☐ *Tristezza*	☐ *Gioia*

Esercizio 16 – Potenzio le emozioni intorno all'obiettivo

Per riuscire in questo esercizio, potresti avere bisogno di una persona che ti guidi, oppure di registrare il testo e sentire successivamente la registrazione. Anche per questo esercizio sarà disponibile la registrazione audio. Rimani in contatto.

Step 1: Mettiti seduto in un posto tranquillo, chiudi gli occhi, inspira ed espira per 3 volte e ritorna all'immagine di successo che ti sei creato quando hai raggiunto il tuo obiettivo.

Step 2: Immagina ora che dai tuoi piedi escano fuori delle enormi radici e che affondino nella madre Terra raggiungendo in profondità il magma del suo nucleo centrale.

Step 3: Ritorna all'emozione negativa che hai provato e sentitela addosso, come se ti avvolgesse. Fai un bel respiro e, mentre espiri, immagina che le emozioni limitanti abbandonino la tua mente e il tuo corpo, come se fossero risucchiate dalle tue radici, giù, fino nel magma al centro della Terra.

Step 4: Fai un bel respiro e immagina che con l'inspirazione tu riesca ad assorbire dal magma un'energia, di colore dorato, contenente le 3 emozioni potenzianti di cui hai bisogno e che giunga alle radici, e dalle radici fino ai tuoi piedi, e dai tuoi piedi venga assorbita da tutte le parti del tuo corpo. Prenditi del tempo per sentirti addosso tutte queste sensazioni positive e piacevoli. Ora ripeti: «Io mi amo e mi accetto, merito e sono degno di desiderare ciò che voglio nella mia vita. E ora voglio... (ripeti il tuo obiettivo). Rimani dentro questo sentimento potenziante finché lo desideri».

Step 5: Fai un bel respiro profondo, apri gli occhi e ripeti con convinzione ad alta voce: «Sì!».

Potrai utilizzare questo esercizio anche in altre situazioni difficili in cui hai bisogno di risorse che in quel momento pensi di non possedere come: pazienza, calma, determinazione e così via.

Come evitare di chiamare l'idraulico
«La felicità non è un fatto che avviene; non si basa sulla genetica, sulla buona fortuna o sulle coincidenze. Non è il risultato di eventi esterni, ma del nostro modo di valutare quello che ci accade... l'amore verso se stessi è il combustibile della felicità e ci fa sentire bene; tuttavia, è impossibile senza l'accettazione e l'approvazione di sé» (*Roy Martina*, "Equilibrio emozionale").

Esistono delle tecniche che ci possono aiutare a ristabilire il nostro equilibrio e rilasciare l'energia negativa accumulata. Stimolando alcuni punti sul corpo collegati ai meridiani, possiamo lasciare andare emozioni tossiche, così come nelle pratiche dell'agopuntura e dello Shiatsu.

I meridiani, scoperti più di 6000 anni fa, sono canali energetici che si estendono per tutto il corpo in maniera longitudinale, hanno origine e terminano sulle punte delle dita dei piedi e delle mani. Essi distribuiscono energia agli organi e ai tessuti e possono essere paragonati all'impianto idraulico di casa. Non sono visibili sul corpo, ma se ne può misurare il flusso energetico con apparecchiature dedicate. Ciascun canale energetico è connesso a un organo e a un'emozione specifici. Per una maggiore comprensione, ti invito a visionare un video descrittivo che troverai sulla mia pagina Facebook, nella playlist *Succedono tutte a te*. Segui questo link:

https://www.facebook.com/pg/MentalCoachStefania/videos/?ref=page_internal.

Le emozioni tossiche possono bloccare il flusso di energia. Per esempio se proviamo rabbia, possiamo picchiettare sul punto di acupressione corrispondente al meridiano del fegato per rilasciare quell'emozione e quindi ristabilire il flusso dell'energia bloccata.

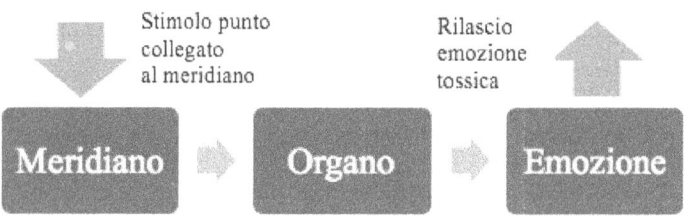

Il Dr. Roy Martina, agopunturista, medico e psicologo, ha compiuto numerose ricerche e studi su tecniche per il benessere e la guarigione. Ha sviluppato un metodo completamente nuovo e rivoluzionario, chiamato Omega Healing, che utilizza il potere della mente e integra le strategie più efficaci della tradizione olistica per la guarigione e la prevenzione delle malattie.

Quattro anni fa, cominciai a leggere i suoi libri e seguire i suoi corsi fino a prendermi la certificazione di Omega Health Coach. Questi studi, oltre ad aver contribuito ad arricchire le mie conoscenze, mi hanno migliorato molto come persona.

Riequilibrare le emozioni in 5 passi
Sotto troverai una tecnica ispirata dall'Emotional Freedom Tecnique (EFT) e da una delle tecniche di Omega Healing. Questa

procedura dona al nostro corpo effetti rilassanti stupefacenti, perché sfrutta la combinazione di 3 pratiche potenti:
1. il picchiettamento dei punti specifici connessi ai meridiani;
2. la ripetizione delle affermazioni potenzianti;
3. la respirazione profonda e prolungata.

Quando picchiettiamo i punti di acupressione, liberiamo il ristagno di emozioni tossiche e provochiamo un senso di benessere ristabilendo il naturale flusso energetico nel corpo. Allo stesso tempo, ripeteremo delle affermazioni per lasciar andare ciò che non vogliamo e focalizzarci su quello che desideriamo. Il subconscio, invece di combattere le affermazioni, le accoglierà con più favore collegandole a un senso di piacere. La respirazione completa il quadro del rilassamento.

Nel capitolo 2, ho spiegato quanto sia importante amare e accettare noi stessi e come si possa farlo con la ripetizione di alcune affermazioni. D'altro canto, è allo stesso modo importante prendere consapevolezza e accettare tutte le emozioni positive e negative che proviamo, perché fanno parte di noi.

Se vogliamo rimettere in equilibrio le emozioni, perché la paura, l'insicurezza o altre emozioni ci bloccano nel raggiungere i nostri obiettivi, possiamo effettuare questi 5 passi in sequenza per un riequilibrio emozionale ottimale. Tuttavia, è possibile usare questa metodica come una pratica quotidiana la mattina o prima di andare a letto o quando lo ritieni necessario.

Si può anche lavorare su un solo punto: posso stimolare quello della paura se ho difficoltà ad affrontare una persona o una situazione. Oppure, se un episodio mi ha provocato rabbia, posso spezzare lo schema emozionale ripetitivo che mi porta a questa determinata reazione picchiettando il meridiano del fegato. Sotto ti spiegherò come eseguire ogni passo. Per qualsiasi domanda puoi comunque contattarmi sulla mia pagina Facebook:
https://www.facebook.com/MentalCoachStefania/.

I 5 passi dell'equilibrio
1. Stress-Equilibrio
Battere 2 volte con il pugno di una mano sul palmo dell'altra e viceversa, a pugni alternati velocemente. Battendo con il pugno sulla mano, stimoliamo i punti in cui confluiscono i meridiani.

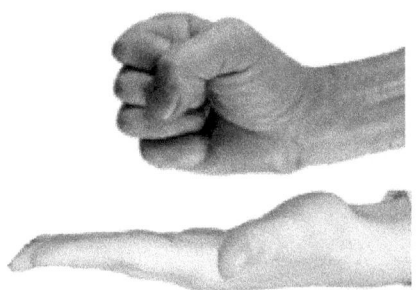

Abbiamo paragonato la mente a un PC e, con questo primo importante passo, è come se usassimo i comandi CTRL, ALT e CANC per uscire da un programma quando il computer è impallato. Questa tecnica è ottima per creare uno stato di neutralità in modo rapido. Per esempio, lasciar andare un conflitto interiore, tra due sentimenti o comportamenti contrapposti (come fumare, mangiare in modo compulsivo e smettere di farlo), spezzare schemi limitanti o, quando siamo stressati, riequilibrare in modo rapido:
- l'emisfero sinistro e destro del cervello;
- i meridiani dei due lati del corpo;
- i conflitti tra la mente conscia e quella subconscia.

Per potenziare l'esercizio, ripeti delle affermazioni che riguardano il conflitto da risolvere: «scelgo di amarmi e accettarmi completamente anche se... (sono arrabbiato, ho paura, decido di non scrivere più il libro) e scelgo di amarmi e accettarmi completamente anche se... (perdono, ho coraggio, decido di scrivere il libro...)». Inspira ed espira profondamente.

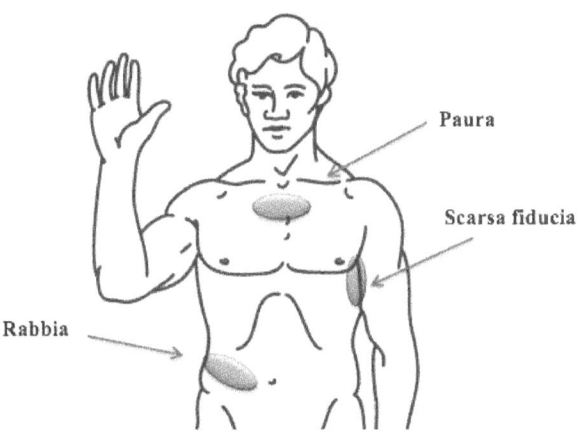

2. Scarsa fiducia-Valore
Picchietta con la mano destra aperta sotto l'ascella sinistra. Per potenziare l'esercizio, ripeti*:* «scelgo di amarmi e accettarmi completamente quando provo questa scarsa fiducia in me stesso. Adesso scelgo di lasciare andare questa scarsa fiducia, di

accogliere il mio valore e di sentirmi in pace». Inspira ed espira profondamente.

3. Tristezza-Gioia

Striscia la parte interna dell'attaccatura dell'unghia di entrambi i pollici, in maniera alternata. Per potenziare l'esercizio, ripeti: «scelgo di amarmi e accettarmi completamente quando provo questa tristezza. Adesso scelgo di lasciare andare questa tristezza, di accogliere la gioia e di sentirmi in pace». Inspira ed espira profondamente.

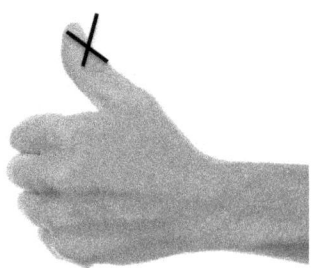

4. Paura-Coraggio

Picchietta con la mano destra aperta sotto le clavicole. Per potenziare l'esercizio, ripeti: «scelgo di amarmi e accettarmi completamente quando provo questa paura. Adesso scelgo di lasciare andare questa paura, di accogliere il coraggio e di sentirmi in pace». Inspira ed espira profondamente.

5. Rabbia-Perdono
Picchietta con la mano destra sul lato destro, alla base della gabbia toracica, sul fegato. Per potenziare l'esercizio, ripeti*:* «scelgo di amarmi e accettarmi completamente quando provo questa rabbia. Adesso scelgo di lasciare andare questa rabbia, di accogliere il perdono e di sentirmi in pace». Inspira ed espira profondamente.

Esercizio 17 – Metto in equilibrio le emozioni
Step 1: Mettiti in un posto tranquillo. Pensa a occhi chiusi a un'emozione limitante o a un conflitto da risolvere collegato al tuo obiettivo. Puoi anche risolvere un sentimento di insicurezza, rabbia o paura che ti sta causando stress.

Step 2: Seguendo un tuo parametro personale, scegli su una scala da 0 a 10 il valore dell'intensità della sensazione che stai percependo in questo momento.

Step 3: Esegui il trattamento de *I 5 Passi dell'Equilibrio*.

Step 4: Chiudi gli occhi, ripensa al problema e scegli di nuovo il valore dell'intensità su una scala da 0 a 10. Tratta finché non senti che quella sensazione si è indebolita fino ad arrivare a zero nella tua scala virtuale personale. Ci possono volere più sessioni prima di raggiungere uno stato di neutralità.

Guida al fitness mentale
«La tua mente è come quest'acqua, amico mio: quando viene agitata diventa difficile vedere, ma se le permetti di calmarsi, la risposta ti appare chiara» (Il Maestro Oogway al Maestro Shifu, nel film *Kung Fu Panda*).

All'inizio del capitolo ho scritto che abbiamo bisogno di lasciare andare lo stress quotidiano e raggiungere uno stato di calma e serenità interiore per mantenere un livello di chiarezza mentale che ci aiuti a portare avanti i nostri obiettivi. Esistono delle ottime tecniche di meditazione e di rilassamento profondo che ci permettono di:
- rilassarci;
- focalizzare la mente su ciò che vogliamo;

- entrare in contatto con il nostro subconscio;
- favorire la salute.

Il Dr. Amen, facendo degli studi sui benefici della meditazione quotidiana, concluse che «dopo otto settimane di meditazione, la corteccia prefrontale risulta più forte quando è a riposo e i ricordi dei nostri pazienti appaiono più nitidi».

Lavorare insieme al subconscio ci consente di evitare i suoi sabotaggi oltre ad accedere a uno stato di coscienza espansa. Ricordi l'immagine dell'iceberg? Possiamo entrare in contatto con la parte sommersa della mente, quella di dimensioni superiori con maggiori possibilità di soluzioni e di potenzialità, più di quel 5% che normalmente utilizziamo.

Quando mi parlavano di rilassamento profondo, pensavo a un santone in preghiera per ore con le gambe incrociate. In realtà, anche 10/15 minuti di rilassamento in una posizione in cui ci sentiamo a nostro agio possono essere sufficienti. Ci sono due tipologie di rilassamento profondo: uno interattivo e uno passivo. Il primo richiede una posizione con la schiena dritta per mantenere l'attenzione e gestire la mente, come l'esercizio che segue. L'altro è basato sull'*ascolto passivo* e si può rimanere sdraiati e ascoltare una registrazione mentre si dorme.

Quando comincerai a sperimentare i preziosi benefici di queste pratiche su mente e corpo, com'è successo a me, ti convincerai a farle diventare un'abitudine quotidiana. Lo step 1 dell'esercizio, *radicamento e connessione*, è un prezioso metodo di rilassamento per calmare la tua mente e tranquillizzarti in situazioni di stress, ansia e preoccupazione. Io lo uso anche quando mi sento stanca dopo una giornata di lavoro e mi metto a riposare prima di uscire a cena. Puoi concludere la sessione con lo step 3.

Completando tutti e quattro gli step, puoi utilizzare l'esercizio per connetterti al tuo subconscio e come un *booster* per ottenere quello che desideri più velocemente. È come se facessi una riunione con la tua mente subconscia per pianificare e condividere ciò che vuoi ottenere evitando i sabotaggi. Ricordati sempre che il subconscio è il tuo capo.

Esercizio 18 – Condivido l'obiettivo con il mio *baby boss*

Come per l'esercizio precedente, potresti avere bisogno di una persona che ti guidi, oppure di registrare il testo e sentire successivamente la registrazione per farlo al meglio. Anche per questo esercizio sarà disponibile la versione audio.

Step 1: (*radicamento e connessione*) Mettiti in un posto tranquillo, in una posizione comoda e chiudi gli occhi. Inspira ed espira lentamente e profondamente per 3 volte. Immagina che dai tuoi piedi escano fuori delle radici che vanno nella Terra, fino al magma, poi immagina che, inspirando, tu possa risucchiare dal magma energia potenziante. Puoi immaginare questa energia come un flusso di colore dorato che risale dalle radici ai tuoi piedi e poi dai tuoi piedi arriva a tutte le parti del corpo. Immagina questo flusso di energia che scorre attraverso le gambe, il tronco, fino ad arrivare alle braccia, le mani, le spalle e la testa fluendo per tutto il tuo corpo.

E mentre questo fluido attraversa il tuo corpo, immagina che assorba e porti con sé tutte le tossine che hai accumulato nella giornata o in questo periodo. Immagina poi che, mediante l'espirazione, questa energia piena di tossine di colore rosso sia risucchiata dai piedi ed espulsa dal tuo corpo dai piedi alle radici, e dalle radici fino al magma al centro della Terra. Con una nuova espirazione potrai riprendere dal magma energia potenziante e rifare questa pulizia inspirando ed espirando per altre 2 volte o fino a quando ti senti in serenità.

Sempre a occhi chiusi, immagina ora di guardare in alto nel cielo e che da una stella scenda una luce potenziante di colore perlaceo che ti avvolge girando, come in un vortice, dalla testa ai piedi. Nel vortice noterai che questa luce perlacea prenderà uno a uno i colori dell'arcobaleno: prima il rosso, poi l'arancio, il giallo, il verde, l'azzurro, l'indaco e il viola. Senti come questa energia viene assorbita dal tuo corpo in profondità, fino alle cellule. Rimani in questa sensazione piacevole.

Step 2: Quando ti senti abbastanza rilassato, ripeti: «merito e sono degno di desiderare ciò che voglio nella mia vita. Io mi amo e mi accetto anche se ora voglio... (ripeti il tuo obiettivo in una versione abbreviata)». Immagina ora di averlo realizzato e, per rendere la rappresentazione più reale possibile, arricchiscila di particolari. Ora che la tua vita è cambiata, percepisci le sensazioni, l'energia e l'entusiasmo o altre sensazioni che potresti provare. Cosa fai? Chi c'è lì con te? Cosa ti dicono? Se provi delle emozioni positive, immagina che ti avvolgano girando, come in un vortice, dai piedi alla testa fino ad arrivare in alto nel cielo, fino a una stella. E che da questa stella ritornino girando di nuovo giù fino ai piedi. Senti questa sensazione di benessere.

Se mentre visualizzi hai delle sensazioni spiacevoli, inspira assorbendo dalle radici energia dorata potenziante e, con l'espirazione, rilascia quelle sensazioni negative nelle radici ripetendo: «io sto bene, va tutto bene». Continua a inspirare dalle radici energia dorata potenziante e a espellere lo stress con l'espirazione finché non ti senti in pace con la tua visualizzazione.

Step 3: Metti ora la mano sinistra sul cuore e la destra sopra alla sinistra e chiedi al subconscio di mostrarti le azioni da intraprendere per raggiungere i tuoi obiettivi. Mantieni interiormente la visione e le azioni che hai focalizzato. Quando sei pronto per tornare nel *qui e ora*, inspira ed espira profondamente. Apri gli occhi e ripeti con convinzione: «Sì!».

Step 4: Scrivi nel dettaglio la tua visione e quello che ti può essere utile per portare a termine il tuo obiettivo.

Il potere del rilassamento profondo sulla salute
«Se costruiamo pace, armonia ed equilibrio nella mente, sarà così anche nella nostra vita» (*Louise Hay*).

Se mentre esegui l'esercizio la tua mente si è persa nei pensieri; se non sei riuscito a rimanere concentrato e a seguire le istruzioni registrate, non ti preoccupare, è una questione di allenamento. Quando avrai registrato la tua voce, potrai eseguire questa pratica più volte per imparare a visualizzare velocemente. La mente piano piano svilupperà dei legami sinaptici che ti porteranno alla visione con il pilota automatico, come quando guidi un'auto.

Sto preparando delle registrazioni audio per il rilassamento profondo basate sull'*ascolto passivo*, create per comunicare direttamente con il tuo subconscio. Queste daranno la possibilità, a chi non riesce a concentrarsi o a seguire la voce guida, di avere degli enormi benefici mentre dorme o riposa, senza fare alcuno sforzo.

Seguimi sulla pagina Facebook per informazioni:
(https://www.facebook.com/MentalCoachStefania/)

In questi audio, la voce guida il tuo subconscio a portare il tuo corpo a uno stato Alpha, uno stato di rilassamento profondo, già dalla prima volta che ascolterai le registrazioni. Queste sono fitness per la mente, cioè allenamenti mentali, acceleratori per indurre il rilassamento e abbandonare lo stress.

Stephen Covey, nel libro *Le 7 regole per avere successo*, spiega l'importanza di trovare il rinnovamento dello spirito meditando sulle sacre scritture, come fa lui, o con la musica, o immergendosi nella natura.

«La dimensione spirituale è il vostro nucleo, il vostro centro, il vostro impegno verso il vostro sistema di valori [...] Attinge alle fonti che ci ispirano e ci elevano e che ci legano alle verità eterne dell'intera umanità. [...] mentre leggo e medito, mi sento rinnovato, rafforzato, riconfermato nel mio impegno a servire».

Oramai sempre più persone si dedicano alla pratica del rilassamento profondo: oltre a essere un metodo per calmare la mente, tranquillizzare il corpo e focalizzarsi sugli obiettivi, è un aiuto per la salute.

Conseguenze dello stress

Esistono evidenze cliniche comprovanti che questa attività fa estremamente bene alla salute. Il Dr. John Denninger, psichiatra e ricercatore presso la Harvard Medical School, ha condotto uno studio sull'influenza del rilassamento profondo: dopo 8 settimane, la meditazione o l'ascolto di registrazioni di rilassamento, per 15 minuti al giorno, può condurre a effetti benefici riducendo l'attività dei geni coinvolti nello stress e aumentando il benessere. Nei pazienti che praticavano da anni rispetto a quelli che avevano appena iniziato la pratica, i risultati si sono rivelati migliori. Questo significa che l'attività quotidiana aumenta la ricettività.

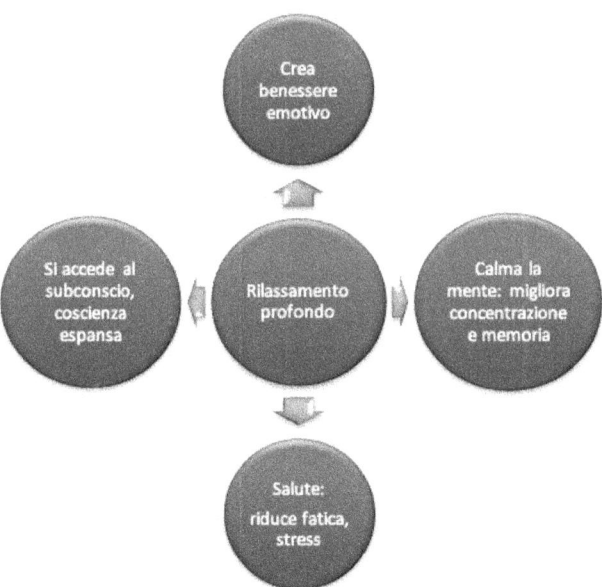

Il rilassamento profondo contrasta gli effetti dello stress in disordini quali ipertensione, ansia, insonnia e invecchiamento.

Infatti, mentre siamo rilassati, avvengono dei cambiamenti biochimici: il nostro respiro rallenta, la pressione sanguigna e il battito cardiaco diminuiscono e avvengono anche dei cambiamenti positivi a livello cerebrale.

Complimenti per aver completato la parte riguardante *Le 5 Regole d'Oro*. Questo è il momento di festeggiare. La prossima sarà una parte fondamentale per costruire la tua vita facile. Assumi come al solito le tue pillole magiche e gira subito pagina. Troverai un grosso abbraccio ad aspettarti.

PILLOLE PER UNA VITA FACILE – CAPITOLO 5
Cosa mi è piaciuto di più?

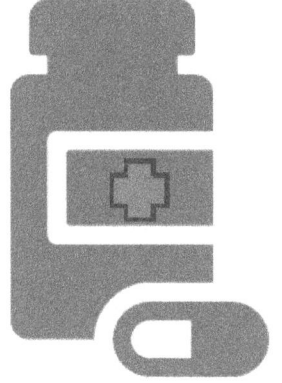

- Occorre avere una centratura emozionale, serenità e mente calma
- Stimolando i punti dei meridiani lasci andare emozioni tossiche e ristabilisci il flusso
- La mente non distingue un evento vissuto da uno inventato
- Con il rilassamento profondo fai chiarezza, contatti il subconscio e favorisci la salute
- Ascolta 15 minuti al giorno di CD di fitness mentale per il tuo benessere

Capitolo 6:
Come abbracciare la vita facile

Abbraccia la vita: vivi facile, manifesta amore per la vita, accogli i cambiamenti, accetta chi è diverso, lascia andare il passato e i giudizi altrui.

Ti ho insegnato *Le 5 Regole d'Oro* del Metodo *Vivi Facile, Sfiga Zero*. Spero tu abbia fatto gli esercizi e che possa continuare a praticare per apprendere le tecniche e interiorizzarle anche dopo aver concluso il libro. Tuttavia, se ti fermi qui, commetti l'errore che compie la maggior parte delle persone che non ottiene ciò che si era proposto.

In questi ultimi anni ho compreso che, per avere una vita facile e ridurre gli ostacoli della vita, occorre incorniciare le regole che ti ho fornito con un atteggiamento generale diverso nei riguardi degli altri e della nostra esistenza: l'ho chiamato *Abbraccia la Vita*. Segui bene questo capitolo e le mie istruzioni perché questa è una parte fondamentale per entrare nel flusso del successo, salire sullo scivolo della vita facile invece che nell'*allungatoia delle difficoltà*.

Il metodo include una parte congrua dedicata alla descrizione di un comportamento *ecologico* da assumere cioè scelte mentali più salutari per il nostro corpo. Roy Martina, nel libro *Equilibrio emozionale*, scrive: «La mia scoperta sulle persone che si mantengono in salute, anche in età avanzata è... la capacità di liberarsi delle difficoltà, delle perdite e degli alti e bassi della vita».

Molte persone, anche dopo aver lavorato su convinzioni, dialogo interiore, linguaggio ed emozioni, ricadono negli stessi schemi. Quanti di noi, quando gli eventi non vanno per il verso giusto riescono a gestirli con ottimismo e positività? Considera che i nostri pensieri ed emozioni vengono comunicati a ciascuna cellula del nostro corpo.

Ricercatori del HeartMath Institute del Colorado (Stati Uniti) hanno scoperto che le emozioni negative abbassano i livelli dell'ormone DHEA – che ringiovanisce e combatte lo stress – e dell'immunoglobulina IgA, mentre quelle positive innalzano entrambi. Come ho detto nell'introduzione, occorre un *salto di paradigma* per lasciar andare vittimismi, critiche, lamenti, sfoghi di rabbia e paure infondate, perché questi producono emozioni tossiche.

Ritengo che ci siano diversi stereotipi e approcci limitanti da cui assumiamo schemi di comportamento:
- i *vittimisti* piagnucolanti chiusi nel loro dolore;
- i *lamentosi* insoddisfatti e sfiduciati che hanno paura di lasciare le loro sicurezze;
- i *criticoni* colpevolizzatori con l'indice puntato verso gli altri;
- gli *arrabbiati* rancorosi, aggrappati ai loro ricordi del passato;
- i *negativi* apocalittici che intravedono catastrofi imminenti.

Qualcuno di voi si ricorderà il disco in vinile che si *incantava* quando la puntina ricadeva nello stesso graffio. Questi comportamenti altamente inquinanti, riproducono lo stesso meccanismo e ci intrappolano in un circolo vizioso senza via d'uscita:
- ci fanno rimanere in una posizione di stallo, limitano l'azione e il nostro miglioramento;

- ci impediscono di progredire verso la felicità e la vita facile;
- ci fanno disperdere energie vitali, creano stress e compromettono la nostra salute.

Vediamo insieme in quest'ultimo capitolo quali sono gli atteggiamenti corretti da assumere e le tecniche da utilizzare per poterne uscire.

Emozioni e salute
«[...] Restare bloccati su emozioni negative è come buttare pietre in un ruscello [...] A un certo punto il flusso si ostruisce del tutto e l'organo connesso a quel meridiano, soffrendo per la mancanza di energia prolungata, comincia a funzionare male o a ridurre le proprie funzionalità e si intasa» (*Roy Martina*, "Omega Healing").

Nel capitolo 5 ti ho insegnato delle tecniche energetiche e degli esercizi efficaci di rilassamento profondo per riequilibrare le nostre emozioni e restituirci serenità e pace in 10/15 minuti. Devi sapere che il corpo non distingue tra tossine fisiche ed emotive.

Schemi emozionali negativi ostruiscono il flusso di energia nei meridiani causando un malfunzionamento nell'organo a cui è connesso. Quindi la malattia può essere il risultato di disturbi del flusso energetico ed è un mezzo di comunicazione che il corpo utilizza per informarci che c'è qualcosa su cui dobbiamo porre attenzione: abbiamo bisogno di risolvere un nodo a livello emozionale oppure il nostro modo di pensare sta influendo negativamente sulla salute.

Le nostre emozioni sono un campanello d'allarme: occorre accoglierle ed evitare di ignorarle, reprimerle o combatterle. Se le emozioni negative trattengono tossine, la tecnica de *I 5 Passi dell'Equilibrio*, descritta nel capitolo 5, favorisce il rilascio di quelle emozioni nocive che, ristagnando nel nostro corpo, possono portarci disturbi alla salute.

Questo esercizio può costituire un ottimo metodo per abbandonare lo stress di fine giornata e riprendere l'energia.

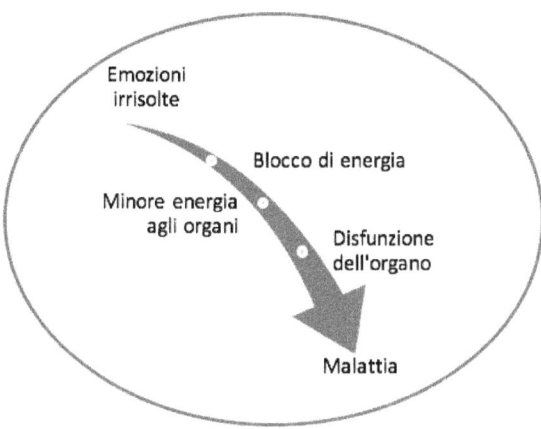

Percorso dalle emozioni irrisolte alla malattia

Passeggiate nella natura, ascolto di musica distensiva, tecniche di rilassamento profondo e respirazione sono terapie aggiuntive per rilasciare tensioni, ansia e portare un senso di serenità. La respirazione, oltre a essere alla base della nostra vita (eliminare anidride carbonica e rigenerare il sangue dalle tossine), rimette in armonia le funzioni psicologiche, emotive e fisiologiche. Cosa fai dopo un grosso spavento o una corsa? Ti fermi e respiri.

Considerando che siamo composti per il 90% di acqua, dove c'è anche ossigeno, per migliorare la nostra salute dobbiamo porre l'attenzione sul respiro. Respirando correttamente, il corpo e la mente funzionano meglio. Quante volte ci accorgiamo, nel corso della giornata di essere stati in una sorta di apnea mentre eravamo concentrati nel lavoro? Trascurando di respirare, sforziamo il cuore e il nostro sistema linfatico che si occupa di mantenerci in salute.

Schiudi il tuo bozzolo d'amore
«Bisogna accettare e poi agire. Qualunque cosa comporti il momento presente dovete accettarlo come se l'aveste scelto voi. Dovete sempre operare con il momento presente, non contro di esso. Fatene il vostro amico e alleato, non il vostro nemico. Così si trasformerà miracolosamente l'intera vita» (*E. Tolle*).

Quando morì mia madre crollò tutto il mio mondo, non riuscivo ad accettare la sua perdita. Forse a 28 anni ancora non avevo le armi per elaborare tutto quel dolore e per diversi motivi non sono riuscita più a sentirmi parte della famiglia. Ero arrabbiata. Il fatto di non avere più né lei né un nucleo familiare mi faceva sentire una vittima.

Quando sei rinchiuso in questo circolo vizioso, vedi solo chi ha quello che tu non hai e non riesci crearti una prospettiva diversa. Ci siete solo tu e l'ingiustizia. Mi ci vollero dieci anni per lasciare andare una grossa parte della mia disperazione: la concentrai in una lunghissima poesia che le scrissi, impiegando mesi per terminarla. La scrittura è uno strumento oltremodo potente per lasciare andare sentimenti dolorosi.

Spesso succede che raccontiamo la nostra sofferenza come la peggiore, come se fossimo le uniche vittime al mondo, perché questo è il modo in cui ci percepiamo interiormente. Non consideriamo che la persona in ascolto possa aver subìto qualcosa di molto più devastante. Siamo bravissimi a convincere gli altri che il nostro problema è il più grave da sopportare, come fosse una gara. Ce ne andiamo in giro con i nostri sacchi pesanti di dolore come i clochard, sentendoci degli incompresi, perché nessuno potrà mai comprendere la nostra sofferenza.

Esiste una sorta di piacere perverso che proviamo nel ripetere a tutti quelli che incontriamo le nostre esperienze: "guarda, il mio fardello (invisibile) è più grande del tuo, non lo vedi?" Tutti devono sapere quanto male ci hanno fatto, il dolore che abbiamo ancora dentro, dopo tanti anni, e che siamo sfortunati. Comportandoci così, non facciamo altro che incidere le nostre esperienze ancora più profondamente nel nostro DNA, invece di lasciarle andare per sempre.

Ci fu un ragionamento che mi fece definitivamente mettere da parte il mio tormento. Non ricordo bene come ci arrivai, ma un giorno cominciai a domandarmi: se ci mettessimo a stabilire un metodo per redigere una *classifica*, dalle persone meno sfortunate alle più sfortunate, quale sarebbe? Io ho perso mia madre a 28 anni, Napoleon Hill a 10, l'attore Hugh Jackman è stato abbandonato dalla madre a 8, Steve Jobs è stato adottato sin dalla nascita. Tuttavia, c'è chi ha subìto violenze dai propri genitori come Louise Hay – con tutte le conseguenze che si possono riportare nella vita futura – e chi non ha mai conosciuto l'amore materno. Allargando la prospettiva, dovremmo considerare anche chi ha perso l'intera famiglia. E quelli che non hanno mai avuto una persona che si occupasse di loro?

Ma allora dove dovremmo inserire quelli che sono nati con una malformazione, come il figlio di Hill, o senza braccia né gambe, come il predicatore Nick Vujicic? In che posto della lista metteremmo quelli che hanno avuto un incidente, come il pilota automobilistico Alex Zanardi, che ha perso le gambe, o chi ha avuto un tumore o un ictus come Sharon Stone? La verità è che se ci mettessimo a fare a gara a chi è più sfortunato la perderemmo di sicuro, perché ci sarà sempre qualcuno meno fortunato di noi.

Ognuno si porta dentro il suo dolore, che decida di esternarlo o no. Il rischio è di rimanere nel *circolo della vittima*, dove l'unico vantaggio che otteniamo è l'attenzione degli altri. Se comunque non ne riceviamo, inconsapevolmente potremmo sviluppare una patologia cronica proprio per richiedere quell'amore che non stiamo ricevendo o per paura di rimanere soli. Così, con la nostra malattia obblighiamo chi ci sta intorno a prendersi cura di noi, facendoci sentire ancora più vittime.

Ricorda che il tuo subconscio si batte per la tua sopravvivenza e per il tuo bene seguendo i suoi criteri. Sei proprio sicuro che sia meglio sentirti dire "poverino" invece di cominciare a vivere come vuoi? Ma quale può essere un modo per ricevere amore? Mi sono resa conto che entrare nel *circolo dell'amore*, del dare, del fare del bene, amare e ricevere è vincente. Invece di stare sempre ad aspettare e lamentarti perché non ricevi, puoi scegliere di dare, di sorridere, di essere incondizionatamente gentile con il prossimo.

Nel momento in cui schiuderai il tuo bozzolo e ti aprirai, diventerai una calamita che, magicamente, attrae persone disposte ad aiutarti e ad amarti. Non sei forse attratto da persone gentili, positive, allegre, sorridenti? Mettere in circolo il tuo amore significa seguire il meccanismo del dare e ricevere: possiamo fare qualcosa per una persona e ricevere da un'altra, ma assicurati di avere un comportamento equilibrato, uno scambio reciproco di energia, per rimanere in questo flusso. Non va bene favorire sempre chi chiede solamente.

Per chi sottovaluta la forza dell'amore, potrà leggere, qui di seguito, un brano tratto da una lettera scritta da Albert Einstein alla figlia: «Vi è una forza estremamente potente per la quale la scienza finora non ha trovato una spiegazione formale. È una forza che comprende e gestisce tutte le altre, ed è anche dietro qualsiasi fenomeno che opera nell'universo e che non è stato ancora individuato da noi. Questa forza universale è l'amore. Quando gli scienziati erano alla ricerca di una teoria unificata dell'universo, dimenticarono la più invisibile e potente delle forze [...] ogni individuo porta in sé un piccolo ma potente generatore d'amore la cui energia aspetta solo di essere rilasciata. Quando impareremo a dare e ricevere questa energia universale, Lieserl cara, vedremo come l'amore vince tutto, trascende tutto e può tutto, perché l'amore è la quintessenza della vita».

Abbiamo sempre una scelta
«Mi ritengo un uomo molto fortunato perché nella vita ho sempre potuto fare delle scelte» (*Alex Zanardi*).

Molte delle cosiddette "sfighe" derivano da nostre scelte. Spesso ci lamentiamo insoddisfatti, non sopportiamo più una determinata situazione, vogliamo cambiare gli altri e non ci rendiamo conto che la giusta soluzione sarebbe che lo facessimo noi. Può capitare che siamo nella seconda parte della nostra vita, con una carriera e una relazione, e un cambiamento ci travolgerebbe.

Cosa c'è dall'altra parte? L'ignoto che ci fa paura. Abbiamo lavorato tanto per arrivare al punto dove siamo, abbiamo stabilito delle abitudini e tutto si svolge quotidianamente secondo un determinato schema. Ci sentiamo bloccati come l'elefante del circo legato con la catena. Siamo dotati di libero arbitrio e possiamo assumere nuovi atteggiamenti, nuove abitudini, cominciare un lavoro diverso o un nuovo rapporto amoroso.

Se non abbiamo il coraggio di cambiare, è la vita stessa a metterci di fronte a dei momenti di rottura: un licenziamento, un divorzio, la morte di una persona cara, un incidente, una malattia. Quando avvengono degli eventi che intaccano la tranquillità, la nostra area di *comfort*, rimaniamo bloccati a cercare una spiegazione di quello che ci è successo.

I giapponesi hanno il termine *shoganai*, di non facile traduzione in italiano, simile al nostro "non c'è niente da fare": rimanere impassibili rispetto a quello che sta accadendo, sopportare senza lamentarsi, accettare ciò che non si può cambiare e concentrarsi sul trasformare quello che si può.

Questo significa accogliere gli eventi negativi della vita e trovare il coraggio di affrontarli in modo positivo, pensando che c'è una luce in fondo al tunnel. È arrivato il momento del cambiamento, che non deve peggiorare la situazione, lo farà solo se invece di accoglierlo lo contrastiamo. Quello a cui opponiamo resistenza persiste e il nostro dispendio di energia vitale potrebbe provocare ulteriori malattie e sofferenze. Bisogna lasciarsi condurre. Per uno strano e misterioso gioco, c'è qualcun altro che decide. È come se ci fosse un percorso stabilito e qualcuno cercasse di guidarci. Appena ci allontaniamo dalla traiettoria, ci manda un segno, o uno "schiaffo", per ricondurci sulla strada più giusta per noi.

Napoleon Hill diceva: «Di solito, il punto di svolta per il successo si situa nel mezzo di una grande crisi, in cui la persona comprende il suo "altro io"». Un ingrediente essenziale della ricetta è la fiducia, credere che ci sia dietro un disegno più alto di noi che ci conduce verso una strada migliore. Si è solo chiuso un ciclo e un altro si sta aprendo. Ci sarà un periodo di transizione in cui potremo fermarci, imparare la nostra lezione, decidere come ricostruire il nuovo futuro e chi ci sarà accanto. Tra l'evento e la nostra reazione c'è sempre la nostra libertà di scegliere, come fu per Frankl nei campi di concentramento. In quei momenti possiamo pensare in grande e passare dal ruolo di vittima, dallo stato di lamento a quello di leader della propria vita.

Puoi essere una persona credente, dargli un significato spirituale o meno, ma penso che siamo sulla Terra per fare un percorso che porti alla nostra evoluzione. Nella vita hai sempre il potere di scegliere: puoi accettare quello che non ti è stato dato o che ti hanno tolto, credere che il meglio debba ancora venire nel futuro, che sei qui per una missione, puoi individuarla e costruire dalle ceneri, oppure continuare a lamentarti. Ora scegli tu.

Mi specchio e accetto gli altri
«Se lamentandoci si potesse cambiare la vita, saremmo tutte persone felici; se criticando si potesse cambiare il mondo, vivremmo nel migliore dei mondi possibili» (*Stefania Ippoliti*).

Hai sempre qualcosa da criticare? Sei di quelli che dicono «vergogna!» con l'indice puntato a controllare cosa non fanno gli altri o cosa fanno di male? Siamo sicuri di essere l'esempio vivente della persona perfetta? O forse la persona perfetta non esiste?

Siamo umani, sbagliamo e impariamo lezioni dagli errori. Per poter uscire dal circolo vizioso della critica, innanzitutto bisogna tenere presenti due concetti:

1) Ognuno si comporta secondo la scelta migliore a disposizione in quel momento.
Questa è una presupposizione della PNL: come potremmo mai incolpare chi ci ha ferito o offeso con un comportamento, se per lui era il migliore che avrebbe potuto adottare in quella situazione? Ciascuno di noi ha una diversa percezione della realtà, che *leggiamo* attraverso le *lenti* delle nostre convinzioni ed esperienze. Siamo il risultato del nostro vissuto e delle persone che abbiamo frequentato. Ti è mai successo di aver visto opinioni discordanti su uno stesso evento? Sei andato a una festa con il morale a terra e ti sei annoiato a morte, mentre il tuo amico si è divertito tantissimo. Prendiamo consapevolezza dei nostri schemi e apriamoci a comprendere quelli degli altri, il loro punto di vista. Chissà in quali altre occasioni potremmo avere agito male e non essercene nemmeno resi conto.

2) Le persone che incontriamo o frequentiamo sono preziosi maestri.

Questo concetto riguarda la *teoria dello specchio*: ogni persona è un nostro riflesso ed è un maestro che ci insegna ad acquisire consapevolezza su noi stessi. Quando critichiamo qualcuno, in realtà la critica è rivolta a noi stessi. Vediamo negli altri quella parte di noi che non sopportiamo e rifiutiamo di vedere. Se abbiamo l'abitudine di criticare, potremmo essere persone che lo fanno con se stesse e che hanno un dialogo interiore devastante. Magari abbiamo avuto un genitore severo che ci rimproverava per tutto quello che facevamo da bambini e che magari lo fa ancora.

Questo atteggiamento non solo fa perdere energia, ma ci fa mettere sulla stessa frequenza di persone simili che faranno la stessa cosa con noi. Come si comportano gli altri nei nostri confronti? Se qualcuno ci maltratta, potrebbe riflettere il modo in cui noi maltrattiamo noi stessi, ad esempio lavorando o mangiando troppo.

Nel momento in cui lasceremo andare le critiche a noi stessi e gestiremo il nostro dialogo interiore, ci abitueremo ad accettarci, ad amarci e potremo incontrare persone che ci apprezzeranno. Chi ci ha fatto un torto è stato solo uno strumento per insegnarci una lezione e farci migliorare. Occorre imparare ad accettarlo e lasciarlo andare senza voltarsi indietro.

Se ti ha ferito, fagli la festa
«Arriva un momento nella vita in cui devi smettere di dare la colpa ad altre persone per come ti senti o per le tue disgrazie. Non si può vivere ossessionati da ciò che poteva essere e non è stato» (*Hugh Jackman*, intervista a "Vanity Fair").

La rabbia è uno dei sentimenti più devastanti e causa stress e malattie. Dobbiamo imparare a liberarci dagli schemi che inevitabilmente ci riconducono a questo sentimento. Ce ne sono due in particolare:
- arrabbiarci facilmente;
- trattenere la rabbia.

Secondo la *teoria dello specchio* di cui abbiamo appena parlato, se siamo irascibili e aggrediamo per motivi futili, incontreremo persone che faranno altrettanto. Ereditiamo dai familiari come affrontiamo le sfide, le difficoltà della vita e anche gli schemi emozionali: subisco un torto e, invece di spiegare il mio punto di vista con calma, lo aggredisco, sopraffatto dalla rabbia, rimettendo in moto il meccanismo pre-condizionato.

Se abbiamo sempre visto persone perdere la testa e imprecare per piccole cose, noi faremo la stessa cosa, perché il cervello è abituato a percorrere con il pilota automatico lo stesso schema, gli stessi collegamenti sinaptici. Come abbiamo già specificato, per cambiare abitudine di reazione, dobbiamo far sì che si creino nuovi collegamenti, cioè far compiere al cervello nuovi percorsi neuronali.

Ricordati che tra evento e reazione abbiamo sempre una scelta. Ho adottato una tecnica efficace per evitare di riprodurre questo tipo di schema quando qualcosa mi irrita, come un atteggiamento, un messaggio o un'email:

1. Mi fermo, mi distacco da quello che sto facendo.
2. Uso *I 5 Passi dell'Equilibrio* per ritornare in una situazione emozionale neutrale.
3. Affronto la situazione nei giorni successivi, quando ho fatto chiarezza e riacquistato il mio potere e la lucidità.

Parlare con calma per dire le proprie verità e riportare la giusta armonia tra le parti, è uno schema che permette a chi ci sta davanti di predisporsi maggiormente all'ascolto, cosa che non potrebbe avvenire se comunicassimo urlando. Questo comportamento, invece di risolvere una divergenza, innesca una reazione esplosiva.

D'altro canto, lasciare andare la rabbia, perdonare, non significa condonare un comportamento, ma guarire da un nostro conflitto che ci causa dolore. Ricordi e pensieri dolorosi del passato sono una sorta di blocco che ostruisce il nostro flusso di energia vitale. Scioglierli è qualcosa che riguarda noi e non chi ha procurato la sofferenza. A volte gli altri non sono neanche consapevoli del nostro malessere e continuano la loro vita in tranquillità. Invece noi ce lo custodiamo ben stretto: guai a chi ce lo vuole portare via o impedirci di ricordarlo e potenziarlo ripetendolo a noi stessi e ad altre persone tutti i giorni. Perdonare? Mai!

Tenendoci dentro la rabbia, non facciamo del male a chi ce l'ha procurato, ma a noi stessi. È come se tornassimo sadicamente a colpirci di continuo sulla stessa ferita con il coltello con cui ci hanno ferito. La rabbia è un sentimento che ci àncora a un passato di sofferenza e non ci lascia progredire per creare la nostra felicità.

Sono stata una di quelle persone che si è tenuta dentro per molti anni tanta rabbia per tutto ciò che le era accaduto. Un giorno mi sono imbattuta in un libro sulla tecnica del perdono hawaiana chiamata Ho'oponopono: è un'antica pratica hawaiana per l'accettazione e la risoluzione dei conflitti che consiste nella ripetizione di un mantra: *mi dispiace, ti prego perdonami, grazie, ti amo.*

Può sembrarti una tecnica semplicistica, ma l'ho trovata molto efficace quando l'ho utilizzata per riconciliarmi con la maggior parte delle persone che mi avevano fatto soffrire in passato. Adesso adotto un altro approccio: appena succede qualcosa, mi fermo a domandarmi: *Quali sono le ragioni per cui è successo questo evento? Cosa devo comprendere? Qual è la lezione?* Questo mi permette di trovare il significato e lasciarlo subito andare senza accumulare emozioni negative.

Di seguito troverai l'esercizio che ho usato per liberarmi dalle emozioni tossiche del passato. E tu, vuoi continuare a essere arrabbiato o raggiungere la tua serenità?

Esercizio 19 – Invito tutti alla Festa del Perdono
Step 1: Chiudi gli occhi, fai 3 respiri profondi e pensa alla persona per cui provi il sentimento di rabbia più profondo.

Step 2: Immagina di sentire il suono del campanello di casa, apri la porta e vedi questa persona provata, dispiaciuta, con gli occhi bassi a chiedere il tuo perdono. Puoi decidere se dirle tutto ciò che pensi come se fosse una conversazione.

Guardala negli occhi e dille: *ti voglio bene, io ti perdono, io ti perdono, io ti perdono*. Poi abbracciala e invitala ad accomodarsi in casa dove stai celebrando la Festa del Perdono. Se hai più persone da perdonare, puoi immaginare una festa dove arrivano una dopo l'altra. Ripeti lo stesso rito per ciascuna.

Step 3: Fai 3 respiri profondi, apri gli occhi e sorridi.

Se per te è difficile perdonare, potresti avere bisogno di fare più volte questa visualizzazione per sentire di essere riuscito veramente a compiere questo passo importante.

Ecologia comportamentale
Se trascorri molto tempo a casa, davanti alla TV, facendo zapping da un telegiornale regionale a uno nazionale per essere aggiornato su tutte le disgrazie che avvengono nel mondo, ti stai abituando a focalizzarti solo su ciò che non va: stai riempiendo di spazzatura il tuo giardino, cioè la tua mente e quella di chi ti sta intorno, come i tuoi figli.

Oltre ai tuoi problemi, stai sobbarcando la mente di altre situazioni a cui non puoi porre rimedio (condizioni atmosferiche, la fame nel mondo...). Bisogna trovare un modo per arginare la valanga di notizie catastrofiche che arrivano in tempo reale nella giornata: dalla radio, sul PC mentre lavoriamo, sul telefono dalle notifiche push delle applicazioni, dai "social" e da WhatsApp. Non possiamo neanche paragonare il flusso di informazioni che riceviamo ora con quelle che si potevano ricevere 70/80 anni fa, quando le comunicazioni viaggiavano a distanza di settimane e avere una radio o un giornale era quasi un lusso.

Se condividi notizie angoscianti tipo "fatela girare, massima diffusione" (che in realtà spesso si rivelano bufale), previsioni del tempo preoccupanti, stime di povertà futura, indici di aumento di malattie stai lanciando *bombe atomiche di negatività* con effetti su di te e su chi le legge. Stai:
- Concentrandoti su quello che è negativo, sviluppando emozioni spazzatura, influenzando la tua mente e quella di chi legge;
- creando allarmismi a volte ingiustificati che favoriscono lo stato di paura, bloccano e uccidono l'energia;
- facendoti manipolare da chi ha pubblicato la notizia, che potrebbe avere secondi fini;
- generando stress, ansia e senso di sfiducia per il futuro alle generazioni più giovani che non hanno ancora capacità critica;
- amplificando il problema (considerando che quello su cui ci focalizziamo aumenta).

Anni fa uscì un articolo su *Il Fatto Quotidiano* riferito a ricerche scientifiche della Stanford University: più di 30 minuti di contenuti negativi spengono i neuroni dell'ippocampo, alterando le funzioni cognitive in chi si lamenta e in chi ascolta. Sentire notizie catastrofiche influenza il nostro umore, comporta un danno per le nostre capacità intellettive, di problem solving, creatività, e spinge a emulare lo stesso comportamento. Ascoltare e generare pensieri negativi crea un circolo vizioso di dipendenza perché sviluppa i collegamenti sinaptici nel cervello che ripercorrono sempre lo stesso schema vizioso. Ognuno di noi dovrebbe impegnarsi per evitare questa invasione di messaggi inquinanti e smettere di subire questa sopraffazione invece di alimentarla.

La mente procede per cancellazioni, eliminando gli episodi meno importanti, per fare spazio ad altre montagne di informazioni che giornalmente raccogliamo. Se ti concentri su quello che non si può influenzare in alcun modo, rischi di indirizzare la mente solo su quegli aspetti della vita e di non riuscire neanche più ad apprezzare gli eventi positivi.

Quante volte siamo strumentalizzati per fini pubblicitari? Le buone notizie non vendono e i media lo sanno bene, ecco perché viene loro dedicato poco spazio alla fine di ogni testata o telegiornale. Spesso sento dire: «Il mondo è impazzito» o «Si stava meglio quando si stava peggio»... ma rispetto a quando si stava meglio?

La storia antica ci insegna di omicidi, impiccagioni avvelenamenti; quella più recente degli orrori della Seconda Guerra Mondiale, dei campi di concentramento, delle Foibe. Ogni giorno riceviamo il nostro lavaggio del cervello quotidiano dai media per convincerci che tutto è in peggioramento. Eppure, quando ci vogliono vendere qualcosa, ci persuadono che viviamo in un mondo facile, dove puoi avere tutto *con un semplice click*, con l'impronta digitale o lo scanner facciale.

In realtà, il telefono e il PC hanno semplificato i processi burocratici che possono essere svolti comodamente da casa, come comprare qualsiasi cosa o lavorare in qualunque posto della Terra. Non abbiamo più bisogno di fare i conti, di leggere un libro, di consultare una cartina per trovare una strada: la tecnologia ci ha dotato di dispositivi che lo fanno per noi. In molti possiamo volare dall'altra parte del mondo quando è freddo nelle nostre latitudini, grazie a tariffe aeree più economiche.

Solo venticinque anni fa, per trovare lavoro avevamo a disposizione un totale di una trentina di annunci a settimana di due testate giornalistiche e bisognava spedire raccomandate con notevole dispendio di soldi, tempo e carta. Ora sul web abbiamo a disposizione una varietà di siti e anche social network, dedicati e a costo zero, per farci conoscere e candidarci gratuitamente. Ti consiglio quindi di fare attenzione: se ti convinci che il lavoro non c'è e che questo è un *mondo difficile*, riuscirai a farlo credere pure alle generazioni future.

Se vogliamo consegnare ai posteri un mondo migliore, dobbiamo partire anche da un'ecologia mentale e comportamentale, non sei d'accordo? Quando hai postato sui social network catastrofi imminenti o già avvenute, sei riuscito a cambiare qualcosa? Che ne dici di utilizzare quell'energia che perdi a scrivere ciò che non va per spargere bombe di positività o impegnarti fattivamente per una causa?

L'approccio italiano alla vita
«La crisi è la più grande benedizione per le persone e le nazioni, perché la crisi porta progressi. È dalla crisi che sorgono l'inventiva, le scoperte e le grandi strategie. Chi supera la crisi supera se stesso senza essere "superato". Chi attribuisce alla crisi i suoi fallimenti e difficoltà violenta il suo stesso talento e dà più valore ai problemi che alle soluzioni. La vera crisi è la crisi dell'incompetenza. L'inconveniente delle persone e delle nazioni è la pigrizia nel cercare soluzioni e vie d'uscita... È nella crisi che emerge il meglio di ognuno» (*Albert Einstein*).

Le frasi tipo "questa è l'Italia" o "succede solo in Italia" imperversano non solo sui social network, ma sulla bocca di tutti. Quando c'è qualcosa che non va è dovuto al fatto che "siamo in Italia". Ricordo ancora una donna delle pulizie dell'aeroporto che, criticando il cattivo funzionamento degli sciacquoni di un bagno, ripeteva canticchiando ironicamente "questa è l'Italia". Così come facciamo nella vita, abbiamo l'abitudine di considerarci sempre di livello inferiore confrontandoci con le altre nazioni. Guardiamo solo quello che ci manca e che invece gli altri posseggono, sempre pronti alla denuncia.

Basta aprire Facebook per rimanere intossicati in soli 3 minuti. Vedo persone che postano per la maggior parte notizie negative, come per riconfermare quanto tutto non funzioni in maniera corretta. Ti ricordi quanto mostrato nel grafico sulla conferma delle proprie convinzioni nel capitolo 1? Ci lamentiamo del traffico, come se ci fosse solo qui. Viaggio molto, per piacere e per lavoro, e ti comunico che è una realtà dei nostri tempi, c'è ovunque. Un altro argomento è il tempo atmosferico: in estate è troppo caldo, in inverno troppo freddo, ci lamentiamo del nostro clima quando gli abitanti dei paesi del Nord Europa vedono sole e luce per pochi mesi all'anno!

Se hai un sogno nel cassetto o un'idea brillante, vieni subito bloccato: «Questo non è proprio il momento, c'è la crisi». Ma quando è stata l'ultima volta che non c'è stata? Da quando sono nata, mi sento ripetere questa parola. L'anno 2009, quando dovetti lasciare l'azienda, cadde nel periodo della crisi definita *globale*. Avevo 42 anni e dovetti ascoltare delle convinzioni veramente devastanti per chi sta cercando un nuovo lavoro: «Ti devi accontentare, sei avanti con l'età» e ovviamente «Purtroppo c'è crisi».

Volete sapere una cosa? Alla mia determinazione quella parola non interessava proprio, così come la balla dell'età e tanto meno l'idea di accontentarsi. È stata dura, ma sono andata avanti e alla fine ho trovato quello che cercavo. Il sistema dell'informazione ha adottato la politica degli allarmi, delle emergenze, creando un clima di paura che attecchisce veramente bene. Questo meccanismo è spesso usato per strumentalizzare le persone, per farle rimanere bloccate, senza fiducia o speranza per il futuro, mentre altri si arricchiscono. Non trovate strano che, in italiano, la voce *legge dell'attrazione* sia stata cancellata da Wikipedia?

Si parla sempre di aziende che chiudono i battenti, ma quante ne aprono? In Italia ci sono molte questioni aperte da risolvere, ma esaltiamo, diffondiamo anche notizie positive, soprattutto per ricreare una visione equilibrata rispetto a chi inasprisce questo malcontento per trarne vantaggio. Se continui a dire che *l'Italia è un paese di...* e che *non c'è futuro*, stai creandoti un futuro della stessa *consistenza*. Sarà sempre così e troverai prove che te lo riconfermeranno. È questo che vuoi?

Superiamo il piacere della critica e della denuncia sterili. Se ci focalizziamo con rabbia su quanto ci hanno tolto, come possiamo riflettere su cosa siamo capaci di creare nel futuro? Ci hanno insegnato che senza il nostro lavoro non siamo più nulla. Usciamo dallo schema della sfortuna, dell'incolpare gli altri, e prendiamo i cambiamenti come opportunità. Tagliamo quella maledetta catena che ci blocca il piede come l'elefante ed entriamo nell'idea che *abbiamo tutte le risorse* per il successo*:* rimbocchiamoci le maniche e cogliamo l'occasione di scoprire in noi altre capacità che non conoscevamo o non sfruttavamo, per dare il meglio di noi. Un ottimo esempio è stato Giorgio Faletti, divenuto molto più famoso come scrittore che come comico.

Per sentire lodare l'Italia e gli italiani devo andare all'estero: gli stranieri ci apprezzano perché riescono a vedere ciò che noi, a forza di criticare e denunciare, ci dimentichiamo di guardare. Posso essere in qualsiasi parte del mondo, conversare con donne e uomini di diverso livello culturale, per sentire quanto siamo grandi: le persone si meravigliano non solo per le bellezze artistiche e naturali di questa terra, ma anche perché siamo un popolo con un grande genio creativo.

Gli stranieri amano il nostro modo di creare prendendoci cura del dettaglio e dell'eleganza. In tutto il mondo siamo un esempio per il cibo, il vino, l'opera, la moda, il design. I nostri prodotti sono spesso considerati il top della gamma e vengono acquistati anche per emulare il nostro stile di vita. Una mia collega olandese mi ha parlato con orgoglio di aver seguito corsi della nostra cucina; quello inglese si è vantato mostrando il proprio capo d'abbigliamento firmato da uno stilista italiano (peraltro sconosciuto in Italia); un medico libanese mi ha confessato di avere tutti i CD di Fausto Papetti; il mio collega spagnolo mi ha detto che non si spiega come mai in Spagna si compri il panettone a Natale, nonostante ci siano ottimi dolci locali; infine ho visto la mia collega americana scegliere di bere acqua di un nostro brand perché, come dice lei, *è più buona*.

Per molti stranieri andare in un ristorante italiano nel loro paese significa scegliere una cucina di alto livello. Molti nostri termini riguardanti il cibo sono divenuti internazionali e inclusi nei menù dei migliori ristoranti del mondo. Il cappuccino ora si trova quasi ovunque e in Portogallo chiamano l'espresso *cimbalino*, dal noto marchio italiano delle macchine professionali per caffè. Tra l'altro questa azienda ha acquisito, lo scorso dicembre, la maggioranza di un noto brand americano di macchine per espresso.

I media ci informano con solerzia di aziende italiane acquisite da gruppi esteri (scrivono «un altro pezzo d'Italia che se ne va all'estero»), ma siamo a conoscenza di tutte le acquisizioni che facciamo all'estero? Durante un viaggio in Jamaica, ho visitato una fabbrica di rum e indovina un po' da chi è stata acquisita questa azienda?

Abbiamo un'assistenza sanitaria nazionale ed eccellenze in chirurgia riconosciute in tutto il mondo e sappi che tutte queste notizie fanno bene alla salute, quindi, per cortesia, *falle girare* e trasforma l'hashtag #soloinitalia per indicare tutto quello che di meglio nel mondo possiamo offrire solo noi italiani.

Esercizio 20 – Smetto ma comincio

Penso che oramai tu abbia compreso quanto l'atteggiamento con cui affronti la vita sia fondamentale. È arrivato il momento di prendere una decisione. Per ottenere una vita facile, decidi:

cosa smetto di fare _____

cosa comincio a fare _____

Ecologia casalinga

Che ne dici di fare un po' di pulizia? Per trasformarsi occorre decidere quello che vuoi essere e quello che vuoi lasciar andare. Ti ho già detto che *Le 5 Regole d'Oro* non bastano per vivere facile se non diventi una persona diversa con nuovi schemi. Prendi di nuovo la mia mano e vieni con me, ti aiuterò a liberarti di cose che ti riportano a un passato di sofferenza.

Sarai d'accordo con me che ci sono ricordi di dolore che è meglio lasciare e nella tua vita facile non ti serviranno proprio più. Come al solito tenderai a tenere roba a cui sei più affezionato, specialmente se si tratta di qualcosa di valore. Un buon metodo per scegliere gli oggetti o i capi di abbigliamento consiste nel percepire i sentimenti che ti suscitano. Nell'indecisione, applica questo piccolo consiglio: chiudi gli occhi e pensa alle emozioni o ai ricordi che vi sono ancorati. Sono positivi o negativi? Se hai provato una brutta sensazione, non considerare il prezzo, riponilo nel sacco.

Prendi in considerazione di regalare o mettere tutto in uno di quei raccoglitori in strada. Ci possono essere persone che ne possono avere bisogno e te ne saranno grate. Se hai abbastanza soldi, rifletti se cambiare completamente guardaroba o ristrutturare la casa da cima a fondo. Fondamentalmente anche solo cambiare le tende, un tappeto, i quadri e gli accessori può dare un volto nuovo all'abitazione. Questo ti servirà per dare al subconscio un ulteriore conferma della tua intenzione di cambiare. Preparati, perché di seguito potrai immaginare insieme a me la tua nuova casa.

Esercizio 21 – Costruisco la mia nuova casa
Step 1: Chiudi gli occhi e fai 3 respiri profondi. Immagina la tua nuova abitazione e il modo in cui la vuoi arredare. Che stile scegli? Che colori preferisci? Che sensazioni vuoi provare? In che tipo di negozi andrai? Cosa vuoi portare nella nuova casa e cosa abbandonare? Quali persone vuoi che la frequentino? Chi vuoi lasciare andare e chi continuare o cominciare a frequentare?

Step 2: Fai un respiro profondo, apri gli occhi, prendi appunti su quello che hai visto e provato. Progetta dei cambiamenti.

Step 3: Ora è il momento delle pulizie. Recupera dei grandi sacchi per la spazzatura e comincia con i cassetti, poi con gli armadi.

Liberati dei pesi del passato, di tutte le cose che non ti serviranno nella vita futura.

Step 4: Metti in atto i cambiamenti pianificati.

Ecologia sociale
«Tra vent'anni sarai più deluso dalle cose che non hai fatto che da quelle che hai fatto. Perciò molla gli ormeggi, esci dal porto sicuro e lascia che il vento gonfi le tue vele. Esplora. Sogna. Scopri» (*Mark Twain*).

Chi vorresti avere nella nuova casa? Se tu *Abbracci la Vita* e gli altri continuano ad avere lo schema precedente, questo non ti aiuta. Bisogna frequentare le persone con una visione di successo: intendo, con questa parola, chi ha la capacità di mantenere un approccio positivo, vincente, che pensa in grande e, soprattutto, ha voglia di una vita facile e felice.

I miei genitori mi hanno sempre ispirato a studiare e lasciato libera di prendere le mie decisioni riguardo allo studio e al lavoro: mia madre mi raccontava che quando era incinta, vedendo mio zio giovane studente, ora medico e psicologo, intento a studiare, si toccava il pancione e si ripeteva: «I miei figli devono studiare e non cucire le camicie come me».

Sono nata da genitori umili che hanno vissuto la Seconda Guerra Mondiale. Mio padre aveva studiato fino alla terza media e mia madre fino alla quinta elementare. Entrambi hanno interrotto le scuole per cominciare a lavorare e aiutare le loro famiglie. Mia madre ha vissuto la sua infanzia a Roma, tra la paura delle bombe, la deportazione degli ebrei e i controlli dei tedeschi, vivendo in prima persona il neorealismo dei film della Magnani.

Devi capire da dove vieni per comprendere dove hai preso le tue paure. Quando ero bambina, avevo la tendenza ad accontentarmi e, quando dovevo prendere delle decisioni, ero insicura e avevo timore di non riuscire. Mia madre mi diceva: «Tu inizia e arriva fin dove ce la fai», sgravandomi dallo stress che ogni decisione comporta.

Ce l'ho sempre fatta, la mia determinazione e l'orgoglio sono più forti delle mie paure e questa frase mi ha guidato per terminare il liceo, l'università e forse anche la Maratona di Roma. La mia grande fortuna è sempre stata quella di avere amici di ogni tipo e di essere irresistibilmente attratta dalle persone che hanno qualcosa da insegnarmi e grandi visioni del loro futuro. Magari più benestanti di me, con genitori che ispiravano loro professioni che nel mio pensiero erano inarrivabili.

Sono profondamente convinta che ci sia sempre da imparare: dicono che se sei la persona più intelligente all'interno di una stanza è probabile che tu sia nella stanza sbagliata. A questo punto devi decidere chi vuoi vicino a te in questo viaggio. Pensa alle persone che hai intorno: ti accettano così come sei? Ti fanno stare bene? Dopo aver trascorso una serata con loro, come ti sei sentito tornando a casa, allegro o triste? Carico di energia o seccato pensando di aver perso tempo?
Rifletti se chi ti suscita questo tipo di sentimenti possa o meno far parte della tua nuova vita. Puoi scegliere se lavorare insieme per cambiare, ma rifletti: puoi permetterti di avere vicino persone che ti scoraggiano al primo impedimento e ti frenano? Hai necessariamente bisogno di trascorrere tempo con chi ti motiva, ti supporta, ti incoraggia, ti dà l'energia positiva necessaria alla tua

trasformazione. Prendi le tue decisioni e vai avanti con determinazione. La vita è solo tua.

La vita è continuo cambiamento. Se il bruco si trasforma in farfalla, noi possiamo veramente diventare la versione migliore di noi stessi.

PILLOLE PER UNA VITA FACILE – CAPITOLO 6
Cosa mi è piaciuto di più?

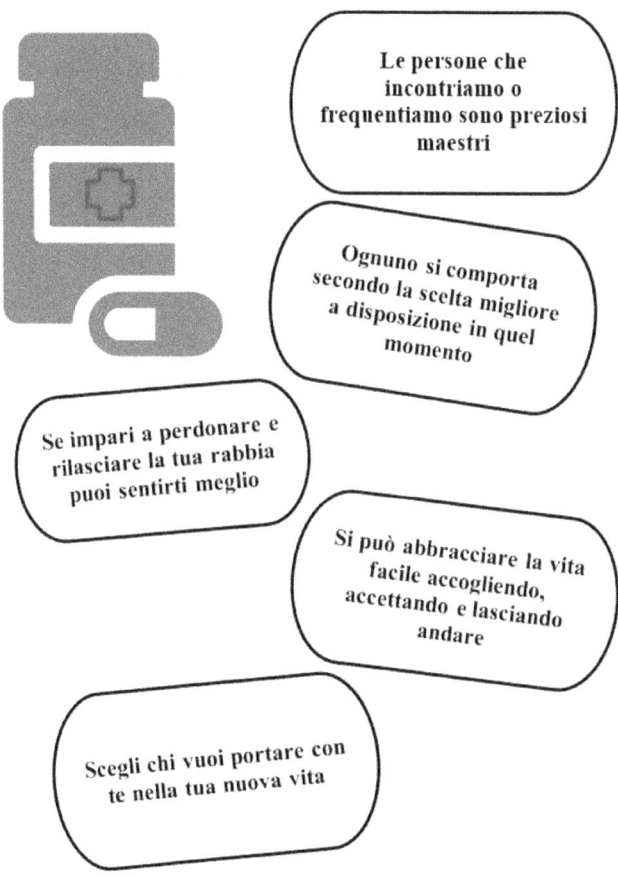

Le persone che incontriamo o frequentiamo sono preziosi maestri

Ognuno si comporta secondo la scelta migliore a disposizione in quel momento

Se impari a perdonare e rilasciare la tua rabbia puoi sentirti meglio

Si può abbracciare la vita facile accogliendo, accettando e lasciando andare

Scegli chi vuoi portare con te nella tua nuova vita

Conclusioni

«Non è possibile unire i puntini guardando avanti; potete unirli solo guardandovi all'indietro. Così dovete aver fiducia che in qualche modo nel futuro, i puntini si potranno unire» (*Steve Jobs*, Discorso ai neolaureati di Stanford).

Mio padre amava i cruciverba con le definizioni difficili, quelli di Bartezzaghi. A me piaceva il gioco facile dell'*unisci i puntini* perché a completamento potevi vedere il disegno. Prima o poi i puntini nella vita inevitabilmente si uniscono e appare chiaro il disegno, come nell'enigmistica: sono passati 2 anni dalla maratona e mi sono resa conto che c'era un motivo per cui io dovessi correrla senza preparazione e arrivare comunque fino alla fine: per dimostrare a me stessa e ad altre persone quante risorse possiamo veramente tirare fuori nei momenti di difficoltà. E chissà quali puntini aspettano ancora di essere uniti!

Non so se parteciperò di nuovo a un'altra competizione simile in futuro, quello che so è che quella gara l'ho corsa con la mente più che con il corpo. Per questo mi sono sentita più una *mental runner* che una persona che corre allenandosi seriamente. Mi ricordo che dopo 6 ore, 25 minuti e 30 secondi, affamata, stanca e piena di dolori ovunque, ho varcato, fisicamente *distrutta ma con il sorriso*, il mio traguardo.

Allena la mente, diventa un *mental runner* per correre la maratona della tua vita. Le complicazioni possono entrare improvvisamente nella tua esistenza e non sarai mai preparato abbastanza, ma se riesci ad *affilare* le tue risorse, gli strumenti che già possiedi naturalmente, potrai raggiungere comunque il tuo traguardo, la fine del tunnel delle difficoltà, *distrutto ma con il sorriso*.

Cosa significa per me vivere facile? Significa comunque *che le cose avvengono perché devono avvenire*. È il modo in cui le affronto che è diverso. Prendendo gli eventi con fiducia invece che con ansia, troverò sempre chi mi aiuterà. Se mi lascio condurre, incrocerò qualcuno che mi mostrerà la strada.

La rottura del ginocchio mi è servita per prendermi un periodo di riposo e decidere di scrivere questo libro. Dopo che ho preso quella decisione, la mia amica Anna mi ha segnalato il corso "Numero 1" di Bruno Editore per pubblicare con facilità. Questo mi ha permesso di entrare in contatto con un gruppo di persone fantastiche, i miei colleghi di percorso, che mi hanno fornito la loro esperienza, indirizzato sui miei progetti, aiutandomi e prendendomi per mano.

Penso che devo creare la copertina e il mio amico fotografo Roberto si fa vivo, la mia amica Giulia mi chiama e mi fornisce il numero del suo grafico di fiducia che ha il negozio vicino casa mia e così via. Io questo lo chiamo vivere facile, perché quando segui la tua missione, sei su delle rotaie solide dove non esistono deragliamenti.

Complimenti, sei arrivato alla conclusione del libro e meriti una ricompensa! Tra poche pagine lascerò la tua mano, come un genitore fa con il proprio figlio quando gli ha fornito la conoscenza per proseguire il suo percorso da solo. Tuttavia, questo non è un addio, ma un *arrivederci a presto*. Mi piace l'idea di sorprenderti ed ho qualche regalino da consegnarti prima di congedarci. Innanzitutto come coach voglio ancora aiutarti. Oramai hai compiuto il primo passo verso la tua crescita e hai acquisito i concetti base per vivere facile, ma devi fare esercizio per farli diventare parte del tuo DNA.

Quindi vai alla playlist *Succedono tutte a te* della mia pagina Facebook con questo link https://www.facebook.com/pg/MentalCoachStefania/videos/?ref=page_internal o sul mio sito www.vivifacilesfigazero.it, e troverai un bonus gratuito ad aspettarti. Clicca su "Mi Piace" e scarica il video de *I 5 Passi dell'Equilibrio* con la spiegazione teorica e pratica dell'esercizio. Questa semplice ma potente tecnica è uno strumento prezioso che ti aiuterà a gestire le emozioni nella tua vita quotidiana.

Ti piacerebbe vedere i video dei discorsi, dei film o delle canzoni che ho citato? Nella stessa playlist potrai vedere tutte le risorse video relative al libro.

Se ancora non lo hai fatto, scarica il file de *La Ruota della Felicità*, nell'album foto *Succedono tutte a te* https://www.facebook.com/pg/MentalCoachStefania/photos/?tab=albums. Potrai utilizzarla per rifare un'analisi della situazione e costruire un nuovo obiettivo di successo. Se mi seguirai sulla pagina, non solo potrai trovare ulteriori risorse, ma anche rimanere in contatto con me: potrai chiedere spiegazioni, essere aggiornato su eventuali approfondimenti e sull'uscita del mio prossimo libro. E sì, ci sono ancora tante altre tecniche che desidero svelarti!

A completamento del libro, come anticipato, oltre all'audiobook, saranno disponibili a breve registrazioni di audio guidati per aiutarti nello svolgimento pratico degli esercizi di visualizzazione e per continuare a praticare il *fitness mentale*. Inoltre, sto preparando altri audio di rilassamento profondo, basati sull'*ascolto passivo,* per chi non riesce a concentrarsi o seguire la voce guida. Questi ti daranno la possibilità di comunicare direttamente con il tuo subconscio e di avere degli enormi benefici mentre dormi o riposi, senza fare alcuno sforzo.

Se non hai Facebook, vai sul mio sito www.vivifacilesfigazero.it o manda un'email a stefania.ippoliti@vivifacilesfigazero.it.

Che cosa ti è piaciuto di più di questo libro? È semplice e l'hai letto tutto d'un fiato? Che cosa ti ha fatto sorridere o riflettere? Che cosa ti ha lasciato? Se ti è piaciuto, vai su *Amazon* e lascia una recensione a 5 stelle sulla tua esperienza di lettura. In questo modo potrai dare anche tu un contributo ad altre persone, aiutandole ad avvicinarsi al loro sentiero di trasformazione. Inoltre, mi darai la possibilità di avere il tuo feedback su ciò che ho scritto, per ottenere l'energia giusta e proseguire il mio cammino.

Ma le sorprese non sono finite. Ho deciso di premiarti con un extra bonus finale, un ulteriore *booster*: il mio straordinario *vademecum* personale quotidiano per vivere facile che seguo oramai da anni. Gira pagina in fretta per prenderlo al volo.

Buona vita facile!

Extra bonus
Le mie 10 pietre miliari

1. *Metti in circolo il tuo amore.* Apriti agli altri, sorridi sempre a chi conosci e a chi non conosci, aiuta e impara a ricevere accettando apprezzamenti e complimenti. Il bene dato torna. Trova la tua missione.
2. *Ringrazia.* La sera prima di andare a dormire e quando ti svegli: fallo perché sei vivo e per quello che possiedi. Potenzia il tuo grazie ripetendolo 3 volte.
3. *Ci devi credere.* Bisogna avere fiducia in qualcuno o qualcosa più alto di noi.
4. *Rimani sul qui e ora.* Mantieni uno stato neutrale e sereno centrato sul presente, così tutto procederà con fluidità secondo i piani. Se hai paura e cominci a creare pensieri o film mentali negativi sul futuro, tranquillizza la mente e ripeti come un mantra *sto bene, va tutto bene, vivo facile, sfiga zero* ed esegui gli esercizi de *I 5 Passi dell'Equilibrio.*
5. *Mettiti in ascolto.* Fai attenzione ai segnali che ricevi. Quando succede qualcosa, chiediti quale può essere il significato più

alto. Che immagine di te stanno riflettendo le persone che incontri? Su quale frequenza sei posizionato, su quella negativa o positiva? Quali azioni puoi fare per rimetterti su quella giusta?

6. *Lascia andare il passato*. Non ti focalizzare sullo *shoganai*, su chi o su quello che non puoi cambiare, ma lascia andare e ricostruisci partendo dal presente.
7. *Crea il tuo futuro con la mente*. Non lamentarti, comincia a *fare*. Dopo aver letto l'ultima parola di questo libro, inizia a creare consapevolmente qualsiasi cosa desideri. Segui le indicazioni, fai gli esercizi, rileggilo più volte e a ogni lettura apprenderai meglio i concetti. Immagina, visualizza, renditi consapevole delle emozioni che proveresti. Fai il tuo piano di trasformazione e portalo a termine.
8. *Dedicati alla tua crescita personale*. Gli sfortunati non esistono, ma ci sono grandi creatori di incidenti, ostacoli, barriere, e così via. Devi quindi imparare a comprendere il potere dei tuoi strumenti e a utilizzarli a tuo favore. Se non riesci da solo, o se veramente *succedono tutte a te*, frequenta un corso, fatti seguire da un coach, un terapeuta, a seconda delle tue esigenze, che ti possa aiutare con professionalità. Se ne hai già uno da tempo, e non vedi cambiamenti, prova a cambiare. Non

puoi sempre ostinarti a fare tutto da solo, anch'io ero una di quelle persone. Hai bisogno di una prospettiva diversa e sfogarti con l'amico per finire col ripeterti *sono sfigato,* non è una soluzione accettabile. Ci sono scarse possibilità che il solo "sfogarsi" possa migliorare la tua situazione. Riversare addosso alle persone le proprie lamentele, significa solo che stai gettando la tua spazzatura sugli altri. Ricordati che la "ripetizione genera convinzione" quindi stai contribuendo a riconfermarti che sei un derelitto e a tirarti contro un futuro di sfortuna come una profezia che si auto-avvera.

9. *Crea il rito del rilassamento.* Genera un rituale mattutino per cominciare la giornata pieno di positività. Durante il giorno trova un momento per te: passeggia nella natura, fai un bagno caldo, ascolta musica rilassante o una registrazione di rilassamento profondo.

10. *Amati.* Fai qualcosa per te, per il tuo benessere e ripeti ogni giorno delle affermazioni, positive, amorevoli e motivanti su di te.

Ora che hai lavorato sui tuoi pensieri e sul tuo linguaggio,
ora che sai cosa promuovere e cosa evitare,

ora che hai fissato i tuoi obiettivi e fatto un piano,
puoi cominciare a realizzare la tua vita facile. Inizia ora!

Fai come Jovanotti, contagia gli altri con la tua positività. Ricorda sempre di ripetere il mantra: *Vivi Facile, Sfiga Zero*!

Se hai ancora dei dubbi, lasciati ispirare dalle sue canzoni.

«Dicono che è vero che quando si nasce sta già tutto scritto dentro a uno schema.
Dicono che è vero che c'è solo un modo per risolvere un problema.
Dicono che è vero che a ogni entusiasmo corrisponde la stessa quantità di frustrazione.
Dicono che è vero, sì, ma anche fosse vero, non sarebbe giustificazione
per non farlo più, per non farlo più.
Ora.
Non c'è montagna più alta di quella che non scalerò.
Non c'è scommessa più persa di quella che non giocherò.
Ora.

Dicono che è vero che ogni sognatore diventerà cinico invecchiando.
Dicono che è vero che noi siamo fermi è il panorama che si sta muovendo.
Dicono che è vero che per ogni slancio tornerà una mortificazione.
Dicono che è vero, sì, ma anche fosse vero non sarebbe giustificazione
Per non farlo più, per non farlo più, ora... »
(*Lorenzo Jovanotti*, "Ora").

Ringraziamenti

Mi ricordo che durante un seminario di letteratura all'università, il docente ci spiegò che spesso uno scrittore considera il suo libro come un figlio e la realizzazione come un parto. Questo concetto mi è rimasto nella mente sin d'allora. Devo dire che non è stato facile conciliare il mio lavoro con la scrittura e condensare tutto il mio metodo in un libro. Ho trascurato i miei amici, i familiari, il mio cane, ho ridotto il mio tempo libero e preso una contrattura alla schiena. Ma per un "figlio" puoi fare di tutto e non prendi in considerazione i sacrifici, perché sei spinto dalla passione.

Nella vita non vai da nessuna parte da solo. Hai bisogno di un *fan club* che ti sostenga e te lo puoi costruire se sei disposto a *dare* prima di *ricevere*. Scrivere il mio primo libro mi ha fatto comprendere fino in fondo quanti collaborano dietro "le quinte" per la realizzazione. Come dicevo nelle ultime pagine, bisogna contornarsi di persone positive che ti supportano, motivano ad andare avanti e a perseguire i tuoi obiettivi. Io la mia scelta l'ho già fatta da anni, per questo ho trovato intorno a me tante persone disponibili ad aiutarmi.

È arrivato il momento di ringraziare tutti quelli che direttamente o indirettamente hanno contribuito a questo libro. Per prima cosa ringrazio profondamente la mia amica rumena Gina Danacu Iliana e la sua famiglia, Mariano, Fiorello e Cosmin, non solo per l'aiuto che mi hanno dato in questi mesi di scrittura, ma anche per esserci ogni volta che io ne ho necessità, come fossi una loro figlia.

Ringrazio i recensori e i revisori delle mie stesure per i loro preziosi spunti e per essere riusciti a trovare tempo per me nonostante i loro numerosi impegni: Carlo Colasanti, Carolina Gianardi, Cristina Arduino, Cristina Maronato, Giuseppe De Lucia, Luciana Barletta, Maurizio D'Ascenzo, Melissa Peretti, Rossella Bernardini Papalia, Stefania Perrel. Un affettuoso grazie va anche a Marta Colonna e Giuseppe Zucconi per la loro consulenza.

Per l'ideazione e realizzazione della foto di copertina, ringrazio il mio amico fotografo Roberto Macchi, che segue sempre i miei progetti con consigli e creatività.

Ringrazio di cuore i miei fedelissimi sostenitori e fan, i miei nipoti Melissa e Riccardo, che, nonostante siano giovanissimi, hanno compreso l'importanza di lavorare insieme per trasformarci nella versione migliore di noi stessi.

Non potevano mancare i ringraziamenti a tutti i miei amici più cari che mi seguono, motivano e partecipano alle mie sfide. Grazie per esserci sempre.

Non finirò mai di ringraziare i miei compagni di percorso, che considero tutte persone speciali. Penso che in questi mesi io abbia più ricevuto che dato. Spero di poter in futuro ricompensare la loro disponibilità.

E infine ringrazio veramente chi mi ha fatto *vivere facile* questa avventura: l'Editore Giacomo Bruno e il suo team, in particolare Alessandro, Mariarosa, Roberto e Viviana, senza i quali questo libro sarebbe stato ancora all'*introduzione*!

No, non ti ho dimenticato! Ringrazio anche te, *caro lettore*, perché se sei arrivato fino a questa pagina, sei già un mio *fan*. Spero di conoscerti presto sulla mia pagina Facebook.

Biografia

Stefania Ippoliti è un Mental Coach e ha una esperienza ventennale come manager nel marketing e vendite in alcune tra le più importanti multinazionali americane di prodotti biomedicali.
Oltre ad una laurea umanistica possiede anche: un Master universitario in Marketing Management (LUISS), un master in Business & Life Coaching (Society of NLP di Richard Bandler) e una certificazione di Professionista in Intelligenza Linguistica (Society of NLP), conseguito con il docente Owen Fitzpatrick.
È un Master Practitioner in Neurolinguistic Programming e un Omega Health Coach, per il benessere e la guarigione, conseguito con Roy Martina.
Ha seguito percorsi formativi con alcuni tra i più grandi formatori stranieri e italiani come: T. Harv Eker, Robert Cialdini, Alessio Roberti, Paolo Borzacchiello, Roberto Ceré, Giacomo Bruno e Alfio Bardolla.
Stefania Ippoliti viaggia molto per lavoro e per piacere. Ha visitato ben 53 stati nel mondo.

Bibliografia e Sitografia

Libri

BEHREND G., *Il potere invisibile della visualizzazione,* BIS edizioni, 2012, p.25.

BYRNE R., *The secret, il segreto,* Macro Edizioni, 2010.

BUCAY J., *Lascia che ti racconti,* BUR, 2016, p.13.

COVEY S., *Le 7 regole per avere successo,* Franco Angeli, 2013, pp. 65, 257-260.

DISPENSA J., *Cambia l'abitudine di essere te stesso,* My Life, 2016.

HAY L., *Puoi guarire la tua vita,* My Life, 2015, p.19.

HAY L., *Affermazioni quotidiane,* My Life, 2016.

HILL N., *Pensa e arricchisci te stesso,* Gribaudi, 2012, pp. 12,19, 24, 30, 38, 39, 40, 41, 42.

JENNER P., *Trasforma la tua vita con la PNL,* Alessio Roberti, 2013.

BANDLER R., *Vivi la vita che desideri con la PNL,* Alessio Roberti, p.51, 2012.

SHARMA R., *Il Monaco che vendette la sua Ferrari,* TEA, 2013.

MARTINA R., *Omega Healing. Il metodo per una vita lunga e sana*, My Life, 2017.

MARTINA R., *Equilibrio emozionale. La via che conduce alla pace e alla guarigione interiore,* Tecniche Nuove, 2013, pp. 7, 11, 13, secondo161.

TOLLE E., *Il Potere di Adesso*, My Life, 2014, p.28.

Studi

Dr. G. Rein, HeartMath in California da DISPENSA J., *op.cit.,* p.44.

Dr. D.G. Amen, California University, da DISPENSA J., *op.cit.,* p.7, 9.

Ricerca HeartMath Institute, Colorado (USA) da MARTINA R., *Equilibrio emozionale,* op.cit., pp.15.

Dr. J. Denninger, Harvard Medical School, dallo studio Relaxation Response Induces Temporal Transcriptome Changes in Energy Metabolism, Insulin Secretion and Inflammatory Pathways, 2013 http://journals.plos.org/plosone/article?id=10.1371/journal.pone.0062817

Articoli

Il Fatto Quotidiano riferito a ricerche scientifiche della Stanford University

https://www.ilfattoquotidiano.it/2015/07/29/lamentarsi-rende-stupidi-e-scientificamente-provato/1913465/

Articolo su Hugh Jackman

https://www.vanityfair.it/people/mondo/12/10/24/hugh-jackman-abbandonato-mamma-8-anni

Film

Forrest Gump

https://www.youtube.com/watch?v=YKTLHKIOIzQ

Kung Fu Panda

https://www.youtube.com/watch?v=YuwZycJ6qVY

La Ricerca della felicità

https://www.youtube.com/watch?v=ttz-QcIUOp0

Matrix

https://www.youtube.com/watch?v=2E3JDtqHaVM

Ritorno al futuro

https://www.youtube.com/watch?v=AKPk0zCv0O4

Steve Jobs, scena finale

https://www.youtube.com/watch?v=UW36Ksef2gk

Canzoni

Lorenzo Jovanotti Cherubini, *L'Alba*

https://www.youtube.com/watch?v=B--zp1sDsOQ

Lorenzo Jovanotti Cherubini, *Ora*

https://youtu.be/F63w4j0huPw

Lorenzo Jovanotti Cherubini, *Positivo*

https://www.youtube.com/watch?v=PC9tgxm9BMM

Luciano Ligabue, *Certe notti*

https://www.youtube.com/watch?v=sURek0ZaupE

Video

Antony Robbins, *Cosa significa davvero cambiare*

https://www.youtube.com/watch?v=s8p-4m1g-uY

Martin Luther King, *I have a dream*

https://youtu.be/EF7E--_BdSg

Steve Jobs, *Discorso ai neolaureati di Stanford*

https://www.youtube.com/watch?v=oObxNDYyZPs&t=6s

Meridiani energetici

https://youtu.be/sH5WiNzmwBA

www.ingramcontent.com/pod-product-compliance
Lightning Source LLC
Chambersburg PA
CBHW060505090426
42735CB00011B/2121